Frank Alvarado Madrigal

Pitirre no quiere hablar inglés

Ilustrado por Alicia Núñez

Drama

Impreso en Victoria, BC, Canadá.

ISBN: 978-1-4269-2495-8 (sc)
ISBN: 978-1-4269-2496-5 (dj)

Library of Congress Control Number: 2010907090

*En Trafford Publishing creemos en la responsabilidad que todos, tanto individuos como empresas,
tenemos al tomar decisiones cabales cuando estas tienen impactos sociales y ecológicos. Usted, en
su posición de lector y autor, apoya estas iniciativas de responsabilidad social y ecológica cada vez
que compra un libro impreso por Trafford Publishing o cada vez que publica mediante nuestros
servicios de publicación. Para conocer más acerca de cómo usted contribuye a estas iniciativas, por
favor visite:http://www.trafford.com/publicacionresponsable.html*

*Nuestra misión es ofrecer eficientemente el mejor y más exhaustivo servicio de
publicación de libros en el mundo, facilitando el éxito de cada autor. Para conocer
más acerca de cómo publicar su libro a su manera y hacerlo disponible alrededor del
mundo, visítenos en la dirección www.trafford.com*

Trafford rev. 07/07/2010

www.trafford.com

Para Norteamérica y el mundo entero
llamadas sin cargo: 1 888 232 4444 (USA & Canadá)
teléfono: 250 383 6864 ♦ fax: 812 335 4082
correo electrónico: info@trafford.com

A mi querida esposa, Alicia Núñez

Sobre el autor

*Frank Alvarado Madrigal es excatedrático de inglés en Estados Unidos. Sus poesías han sido publicadas en muchos países, siendo aceptadas con gran interés por amantes de la palabra poetizada, profesores y estudiantes en escuelas, colegios y universidades. Actualmente se encuentran en el mercado cuatro libros de poesía: **Simplemente tú y yo, Secretos, Añoranza** y su antología poética: "**Ensueño**"; todos ellos dotados de un gran romanticismo así como de un estudio crítico literario en la sección final de cada poemario. Una gran serie bilingüe, en español e inglés, sobre **cuentos infantiles** muestran el genio creativo de este versátil escritor. Cabe mencionar la originalidad que se manifiesta en su obra de teatro, "**Pitirre no quiere hablar inglés**"/ PITIRRE DOES NOT WANT TO SPEAK ENGLISH, drama controversial vivido por Pitirre, querido símbolo puertorriqueño, en que a través de un lenguaje regional, descripción de paisajes y destellos de letras de canciones netamente boricuas, el autor nos presenta una clara visión sobre el sentir nacionalista de un creciente sector del pueblo puertorriqueño.*

Personajes:

Pitirre padre	(Poeta)
Pitirre madre	(Ama de casa)
Pitirre hijo	(Estudiante)
Coquí	(Estudiante)
Guaraguao	(Estudiante)
Guaraguao padre	
Misis Cotorra	(Principal de escuela)
Mister Múcaro	(Maestro de música)
Mister Paso Fino	(Maestro de español)
Miss Águila	(Maestra de inglés)
La gallinita Kló Kló	(Amiga)
El pollito Pío Pío	(Amigo)
Guao Guao	(Policía)
Sol de Borinquen	(Amigo)
Mar de Borinquen	(Amigo)
Luna plateada	(Amiga)
Coro de estudiantes	
Doctor	

Primer

acto

Escena 1

Se escucha La Borinqueña como música de fondo.

Pitirre madre: Levántate ya, *recontrayado* muchacho, saliste igual de lento que tu *pai*, le tienes que pedir permiso a una *pata pa'* mover la otra.

Pitirre hijo: *(Bostezando)* Ya voy *mami. (Entredientes)— Mal rayo parta* la escuela, no sé *pa'qué* la inventaron.

Pitirre madre: Habla más alto que no te escuché.

Pitirre padre: *Ave María nena,* que mucho tú *jorobas.* Deja ese *nene* tranquilo. No ves que lo vas a traumar.

Pitirre madre: Al que voy a traumar es a ti si no vienes rapidito a desayunar, después te estás quejando de que está frío. Y no me digas *nena,* que yo no soy ninguna *nena.* Y tú, *nene, avanza* que se está enfriando también tu desayuno.

Pitirre hijo: *Papi.* No hagas enojar a *mami.*

Pitirre padre: *(Sonriéndole a su esposa)* Mira *pa'llá* si tú te has *lucido* esta mañana. Ven a comer *nene* que tu *mai* hizo *tremendo* desayuno hoy.

Pitirre madre: *(Mirando a su esposo)* Tú tienes la culpa de que este *nene* llegue todos los días tarde a la escuela.

Pitirre padre: *(Sorprendido)* ¿Y yo por qué?

Pitirre madre: ¿Y todavía preguntas? Ese hijo tuyo necesita que tú lo *cojas por el cuello*; a mí ya no me hace caso. Bajó todas las calificaciones en la escuela y tú no le has dicho nada.

Pitirre padre: Pero si nada más va mal en inglés, *chica*; en todas las otras va bien.

Pitirre madre: Oye *chico.* ¿Cómo es que tú no te abochornas de que tu hijo lleve una *"F"* en inglés y *"D"* en todas las demás?

Pitirre hijo: *(Saludando a su papá) Bendición papi.*

Pitirre padre: ¡Qué Dios te bendiga, hijo!

Pitirre hijo: *(Saludando a su mamá) Bendición, mami.*

Pitirre madre: Como siempre, tu *pai* primero. ¡Qué Dios te bendiga, hijo!

Pitirre hijo: Oye *mami*, este desayuno está frío.

Pitirre padre: El mío también y además *soso*.

Pitirre madre: Se los dije. A ti *nene*, se te enfrió por levantarte tarde y a ti *(Mirando a su esposo)* por estar discutiendo tanto.

Pitirre padre: Eso es verdad mujer. Ten cuidado y no te quemes la lengua con tu desayuno que debe estar hirviendo.

Pitirre hijo: *(Sorprendido)* ¿Por qué a *mami* nunca se le enfría la comida?

Pitirre padre: *(En voz baja)* Se le enfría, lo que pasa es que no se da cuenta porque siempre tiene la lengua caliente de tanto que habla.

Pitirre hijo: No entiendo, aclárame eso, *papi*.

Pitirre padre: *Shhh*. Luego te explico, que ahí viene tu *mai* y nos podría oír, y ya tú sabes, después *no hay quien le pare la lengua*.

Pitirre madre: Mira *pa'llá*, si no comieron nada. De nada vale levantarme temprano y hacer un buen desayuno. Siempre me hacen lo mismo.

Pitirre padre: *Bendito, mujer*, nos serviste mucho.

3

Pitirre madre: Déjate de *embustes* y vete ya a dejar a ese *nene* a la escuela que va a llegar tarde; luego las maestras me van a estar llamando para darme las quejas y como no eres tú quien va a *dar la cara* y a oír todos los problemas.

Pitirre hijo: *(Despidiéndose) Bendición, mami.*

Pitirre madre: ¡Qué Dios te bendiga hijo y pórtate bien!

Pitirre padre: Hijo, espero que no se te haya quedado nada olvidado. ¿Está todo en tu *mochila*?

Pitirre hijo: Sí, *papi*. No te preocupes. *Mi mamita* siempre pone en la *mochila*, un día antes, todas las cosas que voy a necesitar en la escuela.

Pitirre padre: Oye que mucho *tapón* hay hoy. Hay *tapones* por dondequiera.

Pitirre hijo: Oye *papi*, acuérdate que es lunes y los lunes siempre son así.

Pitirre padre: *(Regañando a alguien que va delante de él) Avanza. Avanza.*

Pitirre hijo: Bendito, *papi*. No ves que es un ancianito y ya casi ni se puede mover.

Pitirre padre: No me había dado cuenta. Lo siento.

Escena 2

Se oye Lamento Borincano como música de fondo.

Escuela Elemental Rubén Berríos, salón de primer grado, Villalba, Puerto Rico. Salones de clase sin aire acondicionado, por supuesto.

Miss Águila: *Good morning class. Oh, my God! ¡It's so hot! Anyways, today's class will be about singular and plural nouns...*

Pitirre hijo: *(Preguntándole al Guaraguao, su compañero de clase)* ¿Qué dijo la maestra?

Guaraguao: Nos saludó y dijo que la clase de hoy será sobre el singular y plural de los sustantivos, ah, y que está muy caliente.

Pitirre hijo: Otra vez.

Guaraguao*:* Sí, ya debería casarse.

Pitirre hijo: Yo no me refería a eso que tú pensaste.

Miss Águila*: (Dirigiéndose a Pitirre hijo y al Guaraguao)* No he empezado con la clase y ustedes dos ya están discutiendo. Por eso es que no pueden aprender a hablar inglés. Mañana quiero que las madres de ustedes dos me vengan a ver.

Guaraguao: *(En voz bajita)* Como si fuera tan bonita.

Miss Águila: ¿Quién dijo eso?

Guaraguao: Fue Pitirre.

Miss Águila: Te me vas directamente para donde la *Principal* y me esperas ahí.

Pitirre hijo: *(En voz baja)* Y cómo quiere ella que yo aprenda inglés si siempre estoy en la oficina de la *Principal* por culpa de ese Guaraguao. Total, a mí no me gusta el inglés. Aquí estamos en Puerto Rico y lo que hablamos es un idioma que fue impuesto a la mala por una de las potencias de aquella época.

Misis Cotorra: *(Dentro de su oficina y hablando por teléfono con otra cotorra, muy amiga suya)* Espérate un momento. Pasa Pitirre y ahora cuál es tu problema. Ya sé, no me digas. Otra vez estabas discutiendo con Guaraguao y como casi siempre, no fue culpa tuya. *Miss* Águila te mandó para mi oficina por estar interrumpiéndole su clase. Hasta cuándo vas a entender que a la escuela vienes a aprender y no a conversar con tus compañeros de clase y menos a discutir. Ya es hora de que vayas comprendiendo. Tendré que llamar a tu mamá para que venga a hablar conmigo y así ver qué podemos hacer en tu caso aunque yo ya no le veo ninguna inmediata solución…

Pitirre hijo: *(En voz baja y llorando)* No es justo; ya no quiero volver a la escuela. Yo quiero estar volando con mi papá. Total, él tampoco sabe inglés y nadie lo regaña.

Misis Cotorra: *(Soltando el teléfono)* ¿Decías algo, Pitirre?

Pitirre hijo: *(Aún llorando)* No, señora.

Misis Cotorra: *(Bien, mi' ja, ya te voy a dejar, te llamaré dentro de un rato)* Déjame atender esta situación. Mira *nene*, vete al comedor que ya es la hora de *lonche* y luego te vienes *pa'ca*. Si no he llegado, me esperas.

7

Misis Cotorra sale de la oficina y se va para una cafetería cercana. Luego del lonche, Pitirre espera en la oficina de la Principal. Parece que la cantidad de arroz blanco y habichuelas coloradas que comió, sumados al gran calor, le provocaron demasiado sueño. Mira a su alrededor, ve el cómodo sillón de la Principal, se sienta en éste y se queda dormido. Dos horas más tarde, Misis Cotorra entra a su oficina, mira a Pitirre hijo durmiendo en su sillón y lo despierta sutilmente.

Pitirre hijo: Yo no quiero hablar inglés, yo no quiero hablar inglés. Yo no quiero hablar inglés.

Misis Cotorra: Despierta ya *mi'jo*. Parece que la clase de inglés te está volviendo loco. Vamos a ver ¿Por qué no quieres hablar inglés? Explícame eso.

Pitirre hijo: Porque yo soy puertorriqueño.

Misis Cotorra: *¡Ay virgen!* ¿Y eso qué? Yo soy boricua igual que tú pero aprendí inglés. Gracias a eso he tenido mejores oportunidades de trabajo aquí y fuera de Puerto Rico.

Pitirre hijo: Eso está bien para usted pero no para muchos boricuas como yo. Algunos no pensamos salir de nuestra islita porque aquí somos felices y porque…

Yo soy feliz mirando mis playas
de arenas blancas con perlas
y escuchar a las olas cantando
canciones muy dulces y bellas.

En el atardecer del celaje
me hace feliz su paisaje:
el sol y la luna extasiados
con ojos de enamorados.

Yo soy feliz de noche mirando
un techo de cielo estrellado
y debajo de este manto observar,
de la tierra, el más bello lugar.

Misis Cotorra, con humedad en sus ojos, mira a Pitirre hijo, le da una suave palmadita en su hombro y con voz quebrada lo manda para su próxima clase.

Misis Cotorra *(Hablando para sí misma)* Pitirre tiene toda la razón. Ahora me doy cuenta todo lo que me perdí durante veinte años fuera de mi islita. *(Una lágrima suya cae humedeciendo los blancos papeles sobre su escritorio.)*

Pitirre entra a su última clase del día. Esta es su clase preferida, no solo porque está su pequeño gran amigo Coquí sino también porque es la clase de música y entre su canto y el canto del Coquí; se siente en realidad que estás en Puerto Rico.

Frank Alvarado Madrigal

Mister Múcaro: Pasen mis queridos hijos. Pasen. Bienvenidos al mundo de la alegría espiritual, en donde todas las penas se olvidan y nadie lo pasa mal. Bien, hoy estaremos practicando algunas canciones patrióticas porque vamos a invitar a sus padres a una magnífica e inolvidable obra de teatro. En esta ustedes serán los actores y contarán con la gran oportunidad de alegrarlos con sus refinadas y dulces voces.

Coro de estudiantes: *(Se oyen alumnos en voz alta alegremente cantando)* **Preciosa serás sin banderas, sin lauros ni glorias...**

Los estudiantes continúan felizmente cantando todas las canciones que Mister Múcaro, el maestro de música, les toca en su piano. Todos están muy contentos, inclusive el Guaraguao.

Mister Múcaro: Perfecto jóvenes, perfecto. Ustedes son geniales. No cabe duda de que tengo las voces más lindas y mejores de toda la isla.

Guaraguao: *Mister.* ¿Por qué tú tienes el salón decorado de verde y blanco? El escritorio, el piano, y hasta la ancha corbata que llevas puesta es verde y blanco.

Pitirre hijo: No seas tan *averiguado*. El salón es del mister y él lo puede decorar como a él le plazca; además, se ve muy bonito con esos colores. Son mis colores favoritos.

Coquí: Y los míos.

10

Coro de estudiantes: *(Al mismo tiempo)* Y los míos también.

Mister Múcaro: Cálmense jovencitos. No creo que *Guaraguao* haya tenido intención de molestar con su pregunta. *(Suena el timbre de la escuela para anunciar el final de las clases)* En la próxima clase les explicaré por qué me gustan tanto los colores verde y blanco. Váyanse por la sombra.

Escena 3

Se oye la canción, "En mi viejo San Juan", como música de fondo.

Miembros de la familia Pitirre reunidos en la sala mirando un juego de pelota por el televisor.

Pitirre padre: Mira *pa'llá*. Ese *bambalán* no le pega a la pelota ni con una guitarra.

Pitirre madre: Por eso estamos como estamos. Tan pronto descubren uno que le pega bien, se lo llevan a jugar a los Estados Unidos.

Pitirre hijo: Mira. ¿Por qué el que está detrás del bateador casi todo el tiempo está *añangotado*?

Pitirre padre: Porque así se agarran más fácil las pelotas, sobretodo, cuando son tiradas muy bajitas. Acuérdate que son lanzadas a gran velocidad.

Pitirre madre: Ese *pai* tuyo, *nene*, era todo un gran experto jugador en sus tiempos. Jugaba de lo más *chévere*. Eso fue lo que me atrajo de él al principio. No se le escapaba ninguna pelota. ¡Qué tiempos aquellos! Tiempos que no volverán. No sé que me sucede pero cuando pienso en esas temporadas; me da muchísima nostalgia. ¡Estábamos tan jovencitos! ¡Qué guapo eras en aquel entonces!

Pitirre padre: Mira. La nostalgia te da por ofender. ¿Cómo que en mis tiempos? Prepárate, *nene*, que el domingo vamos a ir a practicar al parque. Ahí tú vas a ver que tu *pai* no está viejo. Oye, hijo, tú no me has dicho cómo te fue en la escuela hoy.

Pitirre madre: Dile *nene*. Dile que la maestra me mandó a llamar otra vez. Ya van tres veces en lo que va de la semana.

Pitirre hijo: *Papi* lo que pasó fue que el Guaraguao ofendió a la maestra y me echó la culpa a mí.

Pitirre padre: Otra vez ese Guaraguao. *Mi' jo.* Dile a tu maestra que te siente en otro lado; lejos del Guaraguao.

Pitirre hijo: *Papi. La* maestra lo ha hecho sin que yo se lo pida pero cuando vengo a ver, ya está otra vez sentado a mi lado molestándome.

Pitirre padre: Yo voy a tener que hablar con el *pai* de ese Guaraguao.

Pitirre madre: No. Esto déjamelo a mí que yo lo resuelvo. El *pai* de ese Guaraguao es un gruñón y yo sé como poner en su sitio a los gruñones.

Pitirre padre: Eso es verdad. Herencia de familia.

Pitirre madre: ¿Qué estás tratando de insinuar?

Pitirre padre: ¡Yo! Nada.

Pitirre madre: Más te vale. ¡Tengo una trastera! Ven vamos a la cocina a *fregar*. Por lo menos para que le saques el *pegado* a las ollas y a los sartenes.

Pitirre padre: Ve tú primero. Este juego acabará en un par de minutos. *(Media hora después)* Ya estoy aquí. ¿Dónde están las ollas y sartenes que hay que *fregar*? Yo aquí no veo ninguna *trastera* o será que me estoy volviendo ciego.

Pitirre madre: Oye, déjame decirte que la verdad es que *tú tienes pantalones*. Tú eres *un caso perdido*.

Pitirre hijo: *(Cantando mientras se baña)* **Qué bonita bandera. Qué bonita bandera. Qué bonita bandera es la bandera puertorriqueña. Más bonita se viera. Más bonita se viera. Más bonita se viera si los...**

Pitirre madre: *¡Ea rayos!* *Nene*, salte ya del baño.

Pitirre padre: ¿Y de dónde ese jovencito está aprendiendo todas esas canciones?

Pitirre madre: De *Mister* Múcaro, el maestro de música que daba clases en Lares. Todos los nenes andan *loquitos* cantando esas canciones.

Pitirre padre: Por fin llegó un patriota. ¡Qué cara! Al nene parece que se le enfrió la comida.

Pitirre madre: No empieces. No empieces. Estaba caliente mientras cantaba en el baño.

Pitirre hijo: *Mami*. Ayer la maestra de inglés dijo que nos iba a enseñar a cantar una canción muy bonita.

Pitirre padre: Tu punto débil *mi'jo*. Por fin dio en el clavo. *No pegaba ni una contigo* esa maestra.

Pitirre madre: Hablando de todo un poco. En las noticias dijeron que mañana va a estar lloviendo todo el día.

Pitirre padre: Se salvó el *nene*. Mañana no irá a la escuela.

Pitirre madre: Oye *chico*. ¿Cómo tú dices eso? No me le inculques malas costumbres al *nene*.

Pitirre padre: ¡Ay Virgen! Ya uno no puede decir nada en esta casa.

Pitirre madre: Déjense de tanta charlatanería que ya es tarde. Vámonos a dormir que le prometí a la maestra que el *nene* no llegará tarde nuevamente.

Pitirre hijo: Bendición, mami.

Pitirre madre: ¡Qué Dios te bendiga, hijo! Sueña conmigo.

Pitirre padre: ¡Mira! Tú quieres que el *nene* tenga pesadillas toda la noche.

Pitirre madre: *(Mirando a su esposo)* Esta noche vas a dormir solo en tu cuarto para ver quién es el que va a tener pesadillas.

Pitirre padre: Retiro lo dicho.

Pitirre madre: Más te vale.

Pitirre padre: Mañana tan pronto deje al *nene* en la escuela me regresaré para la casa. No saldría para nada sino fuera porque lo tengo que llevar.

Pitirre madre: Ya lo sé. No me lo tienes que decir y recordar. Nunca te ha gustado salir cuando llueve.

Pitirre padre: Pero no te enojes.

Pitirre madre: No. No estoy enojada. Lo que pasa es que me desespera ver tanta tranquilidad en ti.

Pitirre padre: Eso no es malo. Todo lo contrario. Yo creo que es bueno. Así *no me agito por nada* y no me da un *patatús* como a muchos que andan de prisa y desesperados en la vida. ¿No crees?

Pitirre madre: Si tú lo dices.

Pitirre padre: Vamos a dejarlo ahí. No discutamos por eso.

Mientras en su alcoba, Pitirre hijo soñaba y compartía agradables momentos con algunos de sus más íntimos amigos, entre ellos Coquí, Sol de Borinquen, Mar de Borinquen, y Luna Plateada.

Pitirre: Así es que a ustedes les gustó el poema que yo compuse el otro día cuando estaba en la oficina de la *Principal.*

Sol de Borinquen: *(Mirando a Luna Plateada con ojos de enamorado)* Sí. Nos encantó Pitirre.

Luna Plateada: Pero dinos. ¿Cómo es que siendo tan joven puedes componer poemas tan bellos?

Pitirre: No lo sé. Quizás yo lo heredé de mi padre. Creo que todo es cuestión de observación y mucha sensibilidad.

Luna Plateada: O sea que tú has observado la forma tan bonita en que nos llevamos el Sol de Borinquen y yo. ¿No es así?

Pitirre: Sí. No solo la forma tan bonita en que se llevan ustedes dos sino también la forma tan linda en que se miran el uno al otro.

Todos miran al Sol de Borinquen sonrojarse, color que le puede durar varias horas debido a su gran tamaño. Pitirre continúa soñando y compartiendo.

Escena 4

Se escucha música de fondo (**Mulato, busca tu trigueña pa'que bailes bomba, bomba puertorriqueña...**)

Pitirre madre: *Diantre, nene,* vienes todo *ensopao.* Ve cámbiate de ropa, sécate esa cabeza y luego ven para darte un *asopao* bien calientito.

Pitirre hijo: *Mami,* ya me sequé la cabeza pero tengo mucho frío.

Pitirre madre: Acércate. *(Toca las mejillas de su hijo)* ¡Ay, mi madre! Estás que hierves en fiebre. Tómate esta medicina para que se te baje y ahí está tu *asopao* calientito, como te gusta.

Pitirre hijo: No tengo hambre. Voy a ir a la cama a dormir.

Pitirre padre: Ya llegué. ¿Qué hay de comida? Estoy *desmayado del hambre*.

Pitirre madre: *Chico*, saluda por lo menos.

Pitirre padre: Hola mi amor. ¿Cómo has estado? ¿Qué hay de comer?

Pitirre madre: Nada.

Pitirre padre: Deja la broma ya y dame algo que estoy *muerto del hambre*.

Pitirre madre: Te dije que no hice nada o es que estás sordo.

Pitirre padre: Está bien. Dime qué pasa. Te noto un poco alterada.

Pitirre madre: Pues que el *nene* está con fiebre desde que llegó de la escuela y no se le ha bajado.

Pitirre padre: Tú ves. Te dije que no lo mandaras. De seguro se vino bajo la lluvia jugando con los compañeritos.

Pitirre madre: Sí. Ya llamé a casa de la *mai* del Coquí y me dijo que eso fue lo que hicieron.

Pitirre padre: Por eso es que no quería que el *nene* fuera a la escuela hoy. Me acordé que de *chico* yo hacía lo mismo y luego estaba enfermo. Un día mi *pai* le dijo a mi *mai* lo que yo te dije a ti pero ella si le hizo caso a mi *pai* y ya no me mandó más a la escuela en días de lluvia. *(Va directo a la cocina, encuentra comida y habla para sí mismo.)* ¡*Ay, bendito!* ¿Qué está haciendo este rico *asopaíto* tan solo aquí en la cocina? No, que no había cocinado. Lo que pasa es que está toda *pugilateada* por lo del *nene* y tiene un *revolú* en esa cabeza. ¿Por qué será que ellas se *pugilatean* por cualquier cosita?

Pitirre padre se come todo el asopao que encontró en la cocina y luego va a ducharse. Un rato más tarde sale de la ducha y se recuesta en el sofá para ver sus programas favoritos de la televisión.

Pitirre madre: Parece que ya le está bajando la fiebre al *nene*.

Pitirre padre: ¡Qué bien! Tal vez solamente está resfriado. Oye. Ese *asopaito* que me preparaste te quedó buenísimo. Estaba que revivía a un muerto. Debiste de haberle hecho uno igualito al *nene*. Uno así como ese fue que le dieron a *Lázaro*.

Pitirre madre: Déjate de *chistes mongos*. La verdad es que tú eres bien atrevido, *chico*. Ese *asopao* se lo había hecho yo al *nene*. La próxima vez pregunta primero antes de comerte las cosas.

Pitirre padre: Está bien pero no te enojes por eso. La verdad es que estaba bien sabroso.

Pitirre madre: ¿Quieres que te haga uno mañana?

Pitirre padre: ¿No será mucho trabajo para ti?

Pitirre madre: No cuando se hace con amor.

Pitirre padre: Pero como quiera es mucho trabajo que *de eso sé yo y me acuesto temprano.*

Pitirre madre: Lo que tengo que hacer es abrir un par de latas, vaciar el contenido en un *candungo*, calentarlo en el microonda por cinco minutos antes de que llegues y asunto resuelto.

Pitirre padre: Espérate un momento. ¿Tú me quieres decir a mí que el *asopao* ese que yo me comí era *de lata*?

Pitirre madre: Sí. ¿Por qué? ¿No te habías dado cuenta?

Pitirre padre: Y tanto escándalo porque me comí el *asopao* que tenías hecho para el *nene*.

Pitirre madre: *¡Ay Virgen!* ¿Pero cuál escándalo? Quien está todo alarmado aquí eres tú. ¿Qué te pasa? ¿Te cayó mal el *asopao*? Mañana revisaré esas latas de *asopao*, quizá ya hasta caducaron.

Pitirre padre: Mira *pa'llá*. ¿Pero qué es esto? Ni tan siquiera miraste la fecha de vencimiento y así se la ibas a dar al *nene*.

Pitirre madre: Mira. *Cállate la boca* y vámonos a dormir. Lo que yo he estado haciendo ha sido *correrte la máquina*. Esas latas están buenas. Tienen solamente tres años de estar en el gabinete.

Escena 5

Pitirre hijo: *(Dos días después) Mami*, tengo hambre.

Pitirre madre: *¡Ay!* El *nene* habló*! ¡*Qué bueno! *Ya tienes otra cara. ¿*Quieres un *cerealito*?

Pitirre hijo: Sí *mami*. ¿Cuánto falta para que llegue *papi*?

Pitirre madre: Tu *papi* ya llegó, se está bañando.

Pitirre hijo: ¿Qué día es hoy?

Pitirre madre: Sábado. ¿Por qué?

Pitirre hijo: Porque *papi* me dijo que me iba a llevar al parque a jugar pelota el domingo.

Pitirre madre: Se nota que te curaste. Sabes que estuviste dos días sin levantarte de la cama. Espero que ya no vuelvas a mojarte cuando llueve; no es recomendable. De ahora en adelante voy a seguir el consejo que tu abuelo le dio a tu abuela cuando tu *pai* estaba *chico* porque no creo que tú hagas caso y vayas a dejar de jugar bajo la lluvia. Es increíble. En lugar de ir *avanzando*; vamos *pa'trás* como el *juey.*

Pitirre hijo: *(Viendo a su padre) Papi, papi*, que bueno que ya estás aquí. Ya no estoy enfermo. Mírame. ¿Podemos ir al parque mañana a jugar pelota?

Pitirre padre: Sí, hijito. ¡Qué bueno que ya estás bien! Mañana iremos todos al parque.

Pitirre hijo: ¿*Mami* también?

Pitirre padre: *Mami* también está invitada. Así se dará cuenta que no estoy tan viejo.

Pitirre madre: *Y dale con lo mismo.* Tú sabes que cuando eso te suceda, yo me voy a enterar primero que tú.

Pitirre hijo: ¿Cómo?

Pitirre madre: No te preocupes por eso hijo. Es cosa de grandes.

Pitirre padre: Mente *cochambrosa.*

Pitirre hijo: ¿Qué es mente *cochambrosa*?

Pitirre madre: No te preocupes por eso. Es cosa de grandes.

Pitirre hijo: ¿Cuándo voy a ser grande? Ya quiero estar grande.

Pitirre madre: No te preocupes por eso y termina de comerte tu cereal.

Pitirre padre: Hazle caso a tu *mai* para que estés muy fuerte mañana.

Pitirre madre: *(Hablándole a su esposo con voz muy baja)* Oye. Este *nene* cuando estuvo enfermo se la pasó delirando diciendo que no quería aprender a hablar inglés.

Pitirre padre: *(Conversándole a su esposa en tono muy bajito)* Sí. Yo también lo escuché decir eso como un par de veces.

Pitirre madre: Yo creo que le voy a sacar una cita con el sicólogo.

Pitirre padre: *(Asombrado)* Tú me quieres decir a mí que el *nene* está loco.

Pitirre madre: Oye *chico*. ¿Qué te pasa? El que el *nene* vaya a ver a un sicólogo no quiere decir que el *nene*, necesariamente, esté loco.

Pitirre hijo: *(Mirándose en el espejo)* ¡Qué raro! *Mami* dijo que yo tenía otra cara hoy pero yo veo que tengo la misma de siempre. Debe de ser cosa de grandes, mejor ni me preocupo por eso.

*(Saliendo del baño)*Ya me cepillé el piquito. ¿Qué cuento me vas a leer esta noche?

Pitirre madre: Deja ver. La otra noche te leí *"Las increíbles aventuras del gallito Kikirikí"*. Esta noche te voy a leer *"Las increíbles aventuras del pollito Pío Pío"* y mañana te leeré *"Las increíbles aventuras de la gallinita Kló Kló"*.

Pitirre hijo: Está bien. ¿Sabías que el maestro de español, Mister Paso Fino, el de Guayama, siempre nos lee muchos cuentos? La semana pasada nos leyó: *"Las increíbles aventuras del perrito Guao Guao"*, *Las increíbles aventuras de la gatita Miau Miau*, *"Las increíbles aventuras del cochinito Oink Oink"*, *"Las increíbles aventuras de la vaquita Muú Muú"*, *"Las increíbles aventuras de la chivita Beé Beé"* y *Las increíbles aventuras del becerrito Meé Meé"*.

Pitirre madre lee el cuento que su hijo le pidió leer esa noche. Poco a poco Pitirre hijo se va quedando profundamente dormido. Pitirre madre sale de la habitación de su hijo y encuentra a su esposo muy dormido en el sofá y con el televisor prendido.

Pitirre madre: *(Hablando para sí misma)* ¡*Vaya!* Se cansó de esperarme. No sé si despertarlo o que se quede ahí durmiendo. Total. Yo creo que está cómodo donde está. Le apagaré el televisor para que descanse completamente porque dicen que si se deja la televisión prendida mientras duermes, la mente no descansa a plenitud.

Segundo

acto

Escena 1

Se oyen estudiantes cantando en la clase de inglés:

Pollito chicken, gallina hen, ventana window...

Miss Águila: Bien, ya hemos practicado bastante la canción. Lo han hecho muy bien pero recuérdense que les queda de tarea practicarla en su casa hasta que se la aprendan de memoria.

Mister Múcaro: Hola mis queridos estudiantes. Hoy, igual que siempre, practicaremos algunas canciones de reconocidos ilustres compositores puertorriqueños.

Pitirre hijo: Esta clase me encanta.

Coquí: A mí también. *(Se oyen preciosos cantos de voces muy dulces y finas)* **Verde luz de monte y mar, isla virgen del coral...**

Pitirre hijo: *(Dirigiéndose a su amiguito el Coquí).* Hoy no está lloviendo; pasaré a visitar a mi amigo el pollito Pío Pío y a su mamá la gallinita Kló Kló que se encuentran de vacaciones aquí en Puerto Rico. Tengo muchísimo tiempo sin verlos. ¡Qué felicidad les va a dar cuando me vean! Me gustaría que te conocieran. Son bien *chéveres.* ¿Podrías ir conmigo, Coquí?

Coquí: Lo siento, Pitirre. Hoy tengo que llegar temprano a casa; mi mamá me espera. Tenemos que ir a ver a un primito mío que tiene *la monga. Espero que no se me pegue.*

El guaraguao que viene detrás de ellos, escucha la conversación.

Guaraguao. Yo te acompañaré, Pitirre.

Pitirre hijo: ¡Me asustaste! No me había dado cuenta que venías detrás de nosotros. Gracias de todos modos, iré yo solo.

Guaraguao: Está bien. Otro día será.

Coquí: *(Se asegura de que el Guaraguao ya no los sigue)* ¡Qué *presentao* es ese *Guaraguao*! No lo soporto.

Pitirre hijo: Tienes razón. Hasta mañana.

Coquí: Hasta mañana, Pitirre.

Pitirre va rumbo a casa del pollito Pío Pío y de la gallinita Kló Kló. Antes de llegar se acuerda de la canción que aprendió en la clase de inglés y decide poner en práctica sus conocimientos en ese idioma solamente por cumplir con la tarea que la maestra le asignó.

Pitirre hijo: *(Tocando en una puerta)* ¡Hola, mi amigo *chicken* Pío Pío! ¡Hola, mi amiga, *hen* Kló Kló! Ábranme la *door* o me meto por la *window*.

La gallinita Kló Kló y su hijo el pollito Pío Pío miran por la ventana, abren la pesada puerta y la emprenden a escobazos contra Pitirre hijo, quien huye a toda velocidad.

Pitirre madre: ¿Hijo que tienes? ¿Por qué estas tan *jincho*? ¿Qué te asustó? Espérate, *ya mismo* me dices. Me está entrando una llamada. Déjame ver quién es. Pronto estaré contigo.

Pitirre hijo no espera, llorando y sin comprender nada, va y se encierra en su cuarto.

Pitirre madre: Hijo, ya pasó. Ya la gallinita Kló Kló me explicó todo por teléfono. Se dieron cuenta demasiado tarde de que se trataba de ti y llamaron para disculparse. Desean que los vayamos a visitar cuando tú quieras. Lo que no entiendo es que ellos dijeron que se asustaron porque creyeron que era un loco quien estaba llamando a su puerta, que hablaba muy raro y que no entendían las cosas que estaba diciéndoles. No te preocupes. Ya tú ves la manera como vivimos hoy en día. Tenemos que poner rejas en las puertas y las ventanas de las casas. Ya no hay seguridad. No se puede confiar en nadie.

Pitirre padre: Ya llegué.

Pitirre madre: Shh. Habla bajito que el *nene* está durmiendo.

Pitirre padre: Te veo un poco alterada otra vez. ¿Y ahora qué te sucede?

Pitirre madre: Nada chico. Este *nene* cada día está más raro. No quiso comer hoy. Hace un rato me llamó la gallinita Kló Kló y me dijo que nuestro hijo llegó a su casa actuando de forma muy extraña; me quiso dar a entender que el *nene* está loco.

Pitirre padre: *Nena*. No esperes más, apúrate y llévalo mañana con el sicólogo. Pero que raro, yo no le noté nada extraño ayer que estuvimos en el parque. ¿Y tú?

Pitirre madre: La verdad es que yo tampoco.

Pitirre padre: En mi familia nunca se habían visto casos de estos. ¿En la tuya?

Pitirre madre: Tampoco.

Pitirre, profundamente dormido, empieza a soñar acerca de todo lo que le ha sucedido desde que ha estado asistiendo a la clase de inglés y despierta llorando y gritando.

Pitirre: Yo no quiero hablar inglés. Yo no quiero hablar inglés. Yo no quiero hablar inglés. Yo no quiero hablar inglés. Yo no quiero hablar inglés.

Pitirre madre: Hijo, hijo, ya no llores más. Fue solamente una pesadilla. Me voy a acostar aquí al lado tuyo para que ya no te den más pesadillas.

Pitirre padre: Ese idioma va a volver a mi hijo loco, si es que no lo está ya. Deja prender la *tele* y ver las noticias. ¡Ea rayos, pero y qué *mejunje* tienen en esos países del Medio Oriente! La verdad es que se ve *dura* la cosa. Lo que es a mi'jito no lo llevan para ninguna guerra; suficiente tenemos con todos los problemas que hay aquí. Suerte que ya nos dejaron a las islitas de Culebra y Vieques en paz; gracias al coraje y decisión de unos cuantos. ¡*Bendito!* Ya es tarde, déjame apagar el televisor porque si no mañana no me voy a querer levantar.

Pitirre madre: (Al amanecer) Oye. Despierta. ¿Y por qué tú te quedaste dormido en el sofá anoche?

Pitirre padre: Pues yo te estuve esperando a que salieras del cuarto del *nene* y me quedé dormido.

Pitirre madre: *¡Bendito!*, Lo que pasó fue que el *nene* me abrazó y no se me quiso despegar *en toda la santa noche*. Deja preparar el desayuno antes de que despierte el *nene* y tú vete bañando.

Pitirre padre: *(Saliendo del cuarto de baño)* ¡Qué rico huele ese cafecito!

Pitirre madre: *Avanza* que te preparé *un revoltillo* con *tocineta, tostadas y un jugo de china.*

Pitirre padre: ¿Y el *nene*, ya se despertó?

Pitirre madre: Míralo. Ahí viene. *Hablando del rey de Roma.*

Pitirre padre: (Mirando a su hijo) Ya no te mueres este año.

Pitirre madre: *¡Ay, chico,* ni lo menciones! Y tú *nene,* vete a duchar rapidito para que no se te haga tarde.

Pitirre hijo: Sí, *mami. Bendición, papi. Bendición, mami.*

Pitirre padre: ¡Qué Dios te bendiga, hijo!

Pitirre madre: ¡Dios te bendiga!

Pitirre hijo: *(Dentro de la ducha y pensando)* Está raro. No sabía que yo era el rey de Roma. ¿Dónde quedará eso? Papi dijo que ya no me muero este año. ¿Acaso ellos sabían que me iba a morir y no me habían dicho? No entiendo nada. Mejor no me preocupo por eso. Debe ser cosa de grandes.

Escena 2

Guaraguao: *(Dándole una fuerte palmada en la espalda a Pitirre hijo)* Oye *chico.* ¿Qué pasó que no viniste ayer a la escuela?

Pitirre hijo: Mira, ya no me estés pegando tan fuerte o te voy a reportar con la Principal.

Guaraguao: ¿Qué pasa *broki*? Si era una broma.

Pitirre hijo: Pues deja ya la bromita que no estoy de humor para bromas. Y ya no me digas *broki*.

Guaraguao: Está bien mi *pana.* ¿Así quieres que te diga?

Pitirre hijo: Así está mejor.

Guaraguao: Bueno *broki,* digo *panita,* pero no me has dicho por qué faltaste ayer.

Pitirre hijo: Fue que me llevaron al sicólogo.

Guaraguao: ¿Al loquero? Digo, al silócogo. Digo. ¿Al sicólogo?

Pitirre hijo: ¿Por qué lo llamaste con esos nombres?

Guaraguao: Porque así es que les dicen.

Pitirre hijo: Y por qué me tuvieron que llevar a mí con él.

Guaraguao: Bueno mi *pana,* lo que pasa es que debes de *tener un tornillo o una tuerca suelta.*

Pitirre hijo: ¿Acaso nosotros tenemos tornillos y tuercas en nuestros cuerpos?

Guaraguao: No. Eso lo dice uno en lugar de decir que alguien no anda bien del *casco,* o mejor dicho, que está *crackeado* o sea que está loco.

Pitirre hijo: *(Furiosamente se lanza contra el Guaraguao)* Loco estás tú que te pasas *jorobando* sin que yo te haya nada.)

Guaraguao: *¡Ay! ¡Ay! ¡Ay! Misis* Cotorra, *Misis* Cotorra, *Misis* Cotorra, defiéndame. El Pitirre me está pegando. Se ha vuelto loco.

Oficina de la Principal. Guaraguao raudamente huye a quejarse con la Principal de la escuela.

Misis Cotorra: Dime Pitirre, ¿Por qué atacaste sin razón ninguna al pobre Guaraguao que te estima tanto? Bien, como no me quieres contestar, te voy a expulsar de la escuela por tres días y vas a volver con tu mamá porque has tenido muchos problemas últimamente y tus calificaciones en la clase de *Miss* Águila no están muy buenas que digamos. A ver si así aprendes y ya no te metes en problemas y sobre todo con Guaraguao que te aprecia tanto.

Pitirre sale de la oficina de la Principal, se dirige a la salida de la escuela y pasa cerca del salón de música desde donde se escapan los sonidos de las voces de los estudiantes practicando una de sus canciones favoritas. Silenciosamente y con dos lágrimas rodando por sus mejillas, toma el rumbo para su casa escuchando en la distancia las voces de sus compañeritos cantando.

Coro de estudiantes: Mi escuelita, mi escuelita, yo la quiero con amor, porque en ella, porque en ella...

Pitirre hijo: *(Con lágrimas en sus ojos y hablando para sí mismo)* Volaré a lo alto de esa alta montaña. Deseo ver el mar desde mi terruño querido. Oiré el murmullo de las olas cantándome en un idioma que sí conozco, entiendo y me gusta.

Mar de Borinquen:

Pitirre, Pitirre.
Pájaro cantor,
hoy oigo diferente
la melodía de tu voz.

Pitirre, Pitirre.
Pájaro cantor.
¿Será acaso
que lamentas
la pérdida
de un gran amor?

Pitirre, Pitirre.
Pájaro cantor,
la tristeza de tu eco
llega al mismo sol.

Pitirre, Pitirre.
Pájaro cantor,
seca ya tu llanto
háblame de tu dolor.

Pitirre, Pitirre.
Pájaro cantor,
dime por favor:
¿Qué pena invade
a tu corazón?

Pitirre, Pitirre.
Pájaro cantor.
¿Será acaso
que te lamentas
por las injusticias
contra tu nación?

Pitirre hijo: Querido Mar de Borinquen ¿Qué comes que adivinas? Sí. Estoy triste por todos los atropellos que se han cometido en contra de mi isla. Han venido conquistadores con sus costumbres queriendo cambiar las nuestras. No hemos todavía aprendido a terminar de hablar bien una nueva lengua, impuesta por los primeros, cuando llegan otros colonizadores queriendo imponernos otra totalmente diferente. Por eso es que... *(En ese momento una voz lo interrumpe)*

Pitirre padre: Oye *chico* ¿Y qué tú estás haciendo aquí y hablando solo en vez de estar en la escuela aprendiendo algo?

Pitirre hijo: *(Pitirre algo asustado y sorprendido)* Papi, lo que pasó fue que la Principal me suspendió de la escuela por culpa del Guaraguao.

Pitirre padre: No me digas más. Ahora mismo voy a ir a hablar con el papá de ese Guaraguao y si no pone a su hijo en su lugar, yo los voy a poner a los dos; al *pai* por alcahuete y al hijo por *estar dándote tanta lata.*

51

Pitirre hijo: *Papi* olvídate de eso. Mejor llévame a todos esos sitios lindos que tú conoces. Llévame a Vieques, Culebra, Cabo Rojo, Humacao, Piñones, Loíza Aldea, Quebradillas, Orocovis, Morovis, San Sebastián del Pepino, Aguadilla, Fajardo, en fin, vámonos a viajar por toda la isla. Total tengo tres días de vacaciones más sábado y domingo; ya son cinco.¡Imagínate! *¡Qué chulería!*

Pitirre padre: Buena idea. Espérate un momento. Tú me quieres decir a mí que la Principal te expulsó de la escuela por tres días. Bien, pues vamos a pasar primero a Mayagüez para invitar a mi querido hermano y a tus queridos primos.

Pitirre hijo: Y *mami*. ¿No se enojará?

Pitirre padre: No. Precisamente, ella está en casa de su hermana, la de Mayagüez. Salió esta mañana. Fue a conocer a tu nueva primita. Primero que nada pasaremos y le avisaremos y luego nos iremos a volar por toda esta hermosa tierra.

Pitirre hijo: ¿Y qué estamos esperando? Tengo una idea. Está haciendo mucho calor. Vamos por un coco, nos tomamos el agua y así no tendremos que parar hasta que lleguemos a Mayagüez.

Dos horas más tarde:

Pitirre madre: *Adió'*. ¿Qué hacen ustedes aquí? Y tú *nene, yo te hacía en la escuela.*

Pitirre padre: Ya tú ves. *El nene que quería darse la vuelta.*

Pitirre hijo les cuenta a su mamá y a su papá con detalles lo que sucedió en la escuela y luego se va a jugar con sus primitos.

Pitirre madre: Ven para que pruebes un *arroz con gandures* que cocinó tu cuñada; *está como para chuparse los dedos.* Al *nene* no le ofrecí porque ya tú sabes como es; prefiere irse a jugar que comer. Él sabe que no lo voy a dejar que corra con la *barriga* llena pues le podría dar una congestión. Por eso mejor ni le ofrecí. Como quiera me iba a decir que no tenía hambre con tal de ir a jugar. Ya yo sé como es él. Lo conozco muy bien.

Pitirre padre: Deja de hablar ya y dime dónde está ese *arroz con gandures* que me pienso dar una buena *jartera.*

Pitirre madre: ¿Cuál es la prisa? Siéntate. *Ya mismo te sirvo.*

Pitirre padre: La verdad es que *tu hermana se la comió.* Esta comida quedó *por la maceta* y este jugo de parcha está *por el libro. Quedé como sapo de letrina.*

Pitirre madre: *Puerco.* No hables así que no estamos en casa. Yo sabía que te iba a gustar el arroz pero deja que pruebes el *tembleque.* Ese lo hice yo.

Pitirre padre: *¡Tembleque!* ¡Qué *jartera* me voy a dar! *Echa rapidito ese tembleque pa'ca.*

Una hora más tarde, Pitirre hijo busca a su padre por todo lado pero no lo encuentra.

Pitirre hijo: *Mami, mami* ¿No has visto a *papi*? Lo ando buscando hace una hora y no lo he hallado.

Pitirre madre: Yo lo vi salir *embollado* hace mucho más de una hora. Creí que estaba contigo.

Pitirre madre: Míralo. Ahí viene. ¿Y esa cara, *chico*? ¿En dónde tú estabas? Tu hijo te ha estado buscando desde hace mucho rato.

Pitirre padre: En el baño. Lo que pasa fue que me hizo daño lo que me comí.

Pitirre hijo: ¡Qué bueno que yo no comí para que no me diera *churra* como a *papi*.

Pitirre madre: No hijo. Eso le pasó a tu papá por estar de *afrentado* comiendo tanto.

Pitirre padre: ¿No te queda un poquito más de arroz? Lo que pasa es que ya estoy vacío otra vez.

Escena 3

Pitirre hijo: *Papi*, me hubiera encantado que *mami* nos hubiera acompañado. Siempre quise venir aquí. Había oído hablar mucho de esta famosa y preciosa bahía fosforescente.

Pitirre padre: No te preocupes hijo. Tu mamá debe de estar muy feliz en Mayagüez, en casa de tu tía, sobre todo con su nueva sobrina. Ellas disfrutan mucho estando entre ellas. Hablan de cómo han sido todos sus hijos cuando han estado pequeños. Tienen muy buena memoria, no se les olvida nada. Además, ya tu mamá había estado aquí conmigo, antes de que tú nacieras. De hecho, aquí pasamos nuestra inolvidable luna de miel.

Pitirre hijo: ¿Qué es eso *papi*? Yo creía que la luna era de queso. Ahora resulta ser que es de miel.

Pitirre padre: No te preocupes por eso hijo. Eso es…

Frank Alvarado Madrigal

Pitirre hijo: *(Interrumpiendo a su papá)* Sí ya sé. Eso es cosa de grandes. *(Padre e hijo ríen al mismo tiempo)*

Pitirre padre: Es una pena que no hayan venido tampoco tus primos. Ya tú sabes que a mi hermano no le gusta que sus hijos falten a la escuela.

Pitirre hijo: ¡Qué bueno que fui hijo tuyo y no de mi tío!

Pitirre padre: Si lo estás diciendo por tu asistencia a la escuela, no creas que estoy muy contento con eso pero yo sé que no ha sido culpa tuya. Vamos a olvidarnos de la escuela. Disfrutemos estos días de vacaciones.

Pitirre hijo: *Papi,* por eso te quiero tanto.

Pitirre padre: ¿Por qué?

Pitirre hijo: Porque eres muy bueno y también muy comprensible. Eres el mejor padre del mundo.

Pitirre padre: Y yo te adoro porque eres el ser más noble de este mundo. Vamos a acostarnos ya que es tarde y mañana viajaremos a otro interesante y muy bello lugar de nuestra isla. Ambos se abrazan y se quedan profundamente dormidos.

Pitirre hijo es despertado por el bello canto de un familiar de su amigo Coquí. Pitirre hijo se pone en pie quedando deslumbrado ante la impresionante belleza del panorama, se inspira y canta así:

> **Amanecer puertorriqueño**
> **frente a un espejo cegador;**
> **así es el mar de Borinquen**
> **cuando refleja los rayos del sol.**
>
> **Así es la tierra en que nací;**
> **pequeña pero bonita.**
> **Así es mi bella islita**
> **¡La tierra del Coquí!**

Pitirre padre: *(Despierta anonadado por el bello e inspirado canto de su querido hijo)* No cabe duda de que amas esta tierra tanto como yo. La verdad es que eres cien por ciento *boricua*.

Pitirre hijo: Sí, *papi*. Daría mi vida con muchísimo orgullo por defender a mi amado Puerto Rico. Pero que quede claro que dije a mi amado Puerto Rico.

Pitirre padre: ¡Ese es mi hijo! Bien, vete poniendo el cinturón que nos vamos para Cabo Rojo. Hace tiempo que no me como un buen *carrucho*.

Pitirre hijo: Yo creí que te ibas a comer un *chillo* con un *mofongo* de langosta por el lado. ¿No es eso lo que más te gusta?

Pitirre padre: A mí me gusta todo. Yo no tengo problema con eso.

Por el bello cielo azul de Borinquen, padre e hijo vuelan mirando las verdes montañas y la fragante espuma de las olas del mar acariciando tibiamente a las blancas arenas. ¡Todo es felicidad en este bello e incomparable paraíso terrenal!

Pitirre hijo: Todo estaba muy exquisito. ¿Adónde quieres que vayamos ahora?

Pitirre padre: Esa comida me dio mucho sueño. ¿Qué tal si descansamos en aquel *flamboyán*?

Pitirre hijo: Yo no estoy cansado pero yo sé que tú necesitas descansar. Comiste demasiado.

Pitirre padre: Gracias por tu comprensión, hijo.

Pitirre hijo: De nada. Ya deberías de dejar de comer tanto. ¿Cómo está tu presión arterial?

Pitirre padre: ¡Oye! ¿Y tú de dónde sacas esas cosas? ¿Quién te está enseñando todo eso?

Pitirre hijo: En la escuela nos dicen que tenemos que tener cuidado con la cantidad de grasas y sodio que contienen las comidas.

Pitirre padre: ¿Y qué más te han dicho?

Pitirre hijo: Que a la alta presión sanguínea la llaman el asesino silencioso porque en la mayoría de los casos no se notan síntomas y cuando vienes a ver te da un derrame cerebral o una trombosis. No lo digo por asustarte sino para que te cuides.

Escena 4

Se escucha La Borinqueña como música de fondo.
La familia Pitirre se encuentra nuevamente en su tranquilo
y dulce hogar.

Pitirre madre: Si tú hubieras visto a mi sobrinita, se
sonreía conmigo cuando la alzaba. Cualquiera diría que
me conocía desde hace mucho. ¡La quiero tanto! *Más que*
si la hubiera parido y con dolor.

Pitirre padre: Hablando de todo un poco, mañana
es lunes. Tenemos una reunión con la *Principal* de la
escuela; por lo tanto, no nos quedaremos muy tarde
mirando los programas de la televisión.

Pitirre madre: ¡No y deja que el *nene* debe de estar
cansadísimo! Mejor se hubieran quedado aquí y lo
hubieras ayudado a repasar *las materias en las que va*
colgando.

Pitirre padre: Tienes toda la razón. Sobre todo en la de inglés que es la que no le gusta. Mira *pa'lla* y que escribirse de una manera y leerse de otra.

Pitirre hijo: (*Para sí mismo*) *Y dale con la escuela.* Todo sería mejor si no dieran la clase de inglés. *Todas las clases son un guiso menos esa.*

Pitirre padre: Pero el *nene* se divirtió.

Pitirre hijo: Además, *mami*, esa fue una buena oportunidad para que *papi* me llevara a conocer muchos lugares lindos que tiene nuestra tierra. Imagínate, yo no conocía *la Isla Nena*, Fajardo, San Juan, Caguas, Ponce, Arecibo, Utuado, Lares, y no sigo porque me amanecería contándote todas las bellas atracciones con las que cuentan todos estos sitios. La verdad es que tuvimos mucha suerte en haber nacido en esta tierra **en donde mis ojos vieron la luz por vez primera** como dice la canción de uno de nuestros grandes compositores.

Pitirre madre: Bueno *nene* y ahora dime ¿Por qué fue que no te viniste *derechito* para la casa cuando la *Principal* te expulsó de la escuela? Acuérdate lo que te he dicho muchas veces. Las cosas no están ya como eran antes; ahora hay mucho peligro. Tú estás muy chiquito. No debes de andar solito por ahí porque te podría suceder algo malo y luego tu papá y yo nos vamos a quedar muy tristes. Ya tú has visto por las noticias en la televisión que las cosas están demasiado malas.

Pitirre hijo: Perdón, *mami*. Perdón, *papi*. Ya no lo volveré a hacer. Lo que pasa es que no quería que ustedes me vieran llorando porque sé que se iban a poner muy tristes.

Pitirre padre: Así está mejor, hijo.

Pitirre madre: Vete ya a descansar *nene* y no olvides cepillarte tu piquito antes de ir a la cama.

Pitirre hijo: *Bendición, mami.*

Pitirre madre: ¡Qué Dios te bendiga hijo y que duermas bien!

Pitirre hijo: *Bendición, papi.*

Pitirre padre: ¡Que Dios te bendiga!

Pitirre madre: ¿Cómo es eso que encontraste al *nene* llorando, hablando solo y dialogando con el mar? *¡Ay virgen!* Eso tenemos que contárselo al sicólogo. Tú recuerdas que él nos advirtió que lo observáramos bien sin que el *nene* se diera cuenta y que le reportáramos cualquier cosa extraña o algún cambio en el comportamiento. Yo creo que eso que tú me has dicho es muy importante. Mañana mismo iré a su consultorio. Dime ¿Qué más observaste en esos días que estuvo solo contigo?

Pitirre padre: Pues nada. Bueno sí. Algo que me llamó mucho la atención fue que…

Pitirre madre: Shhh. Cállate que por ahí viene.

(Mirando a su hijo) Nene, yo te hacía roncando.

Pitirre hijo: *Mami* es que no puedo dormir. ¿Acaso yo ronco como papá?

Pitirre padre: No, hijo. Lo que *mami* quiso decir es que ella se imaginó que ya tú estabas dormidito.

Pitirre hijo: ¿Cómo me voy a dar cuenta del día en que empiece a roncar?

Pitirre padre: Alguien te lo dirá. Por ahora no te preocupes por eso.

Pitirre hijo: Sí, ya sé. Es cosa de grandes. *Mami*, ven conmigo a la cama y abrázame como la otra noche.

Pitirre padre: ¡*Ea diantre*! Otra vez me voy a quedar a dieta y durmiendo en el sofá.

Pitirre hijo: Pero si yo te miré comiendo bastante hace un rato. ¿Cómo que a dieta?

Pitirre madre: No te preocupes por eso, hijito.

Pitirre hijo: Sí, ya sé. Eso es cosa de grandes.

Pitirre madre: Eso es así. Vamos a tu cuarto *mi'jo*.

Pitirre padre: *(Más tarde)* ¿Se durmió el nene?

Pitirre madre: Sí. Ya se durmió. Oye *chico*. Esto es algo que le voy a comentar también al sicólogo.

Pitirre padre: ¿Qué cosa?

Pitirre madre: Del *nene, chico*. Últimamente le ha dado con que yo lo abrace a la hora de dormir. De lo contrario, no se duerme. Oye. Tú no crees que ya es hora de que tengamos otro bebé. Es que cuando estuve con la *beba* me entraron, de momento, unos dulces instintos maternales y pensé en proponerte la idea de hacer la familia un poquito más grande.

Pitirre padre: Pues mira, yo creo que es muy buena idea. Así el *nene* tendría con quien jugar.

Pitirre madre: Yo quiero que esta vez sea *beba*.

Pitirre padre: Lo que sea pero que sea varón.

Pitirre madre: ¿Cómo que lo que sea pero que sea varón? Si tú hubieras visto la *beba* de mi hermana. Sus deditos, sus ojitos, sus *cachetitos*, su pelito…

Mientras los padres de Pitirre trataban de llegar a un acuerdo, Pitirre hijo soñaba con algunos de los sitios que visitó durante los días que no asistió a clases. En su hermoso sueño miraba y escuchaba extasiado como Sol de Borinquen le cantaba a la bella Isla del Encanto.

Sol de Borinquen: **Amo al mar y a su vertiente.**
Amo a toda mi gente;
al Yunque y al Coquí
y a esta tierra en que nací.

Amo al Pitirre y al ají.
Amo todo lo de aquí.
y a ti, puertorriqueña hermosa,
por ser la más alegre mariposa.

Pitirre hijo: *(Soñando y conversando con algunas de sus íntimas amistades)* La verdad es que ustedes sí saben decir cosas lindas. Esas bellas y coloridas mariposas que revoloteaban encima de las flores son las mariposas más alegres y hermosas que he visto en toda mi vida.

Mar de Borinquen: Perdóname pero no estoy de acuerdo contigo. Si hay alguien aquí que sabe decir las cosas más lindas de este mundo, ese eres tú.

Luna Plateada: Estoy de acuerdo. Eres un ser de gran nobleza, de mucha sensibilidad; en fin, no hay palabras para describir toda la bondad que encierras en tu humilde corazón.

Coquí: Te amamos muchísimo Pitirre. Cuídate mucho porque no sé que haríamos sin ti. Nuestra isla no sería la misma si algún día nos faltaras.

Escena 5

Escuela elemental Rubén Berríos, oficina de la Principal.

Misis Cotorra: ¿Cómo está la familia Pitirre hoy? Es un placer tenerlos aquí para discutir el caso de su hijo y ver en qué forma le podemos ayudar; para que no solamente las calificaciones mejoren sino también su conducta en los salones. Según la maestra de inglés, ésta continúa siendo muy insatisfactoria.

Pitirre madre: Precisamente de eso y otras cosas queríamos hablar con usted. Nuestro hijo ha estado comportándose de una forma extraña últimamente y es por eso que lo hemos estado llevando con el sicólogo en busca de una solución. A propósito, él mañana tiene otra cita. Las veces que ha faltado han sido porque ha estado atendiendo dichas citas.

Misis Cotorra: *¡Bendito!* No sabía que el asunto era tan serio. Necesito que me mantenga informada de los reportes del sicólogo, por favor. Con nuestra ayuda y, por supuesto la de ustedes, vamos a hacer que su hijo salga adelante. Hablaré con *Miss* Águila, la maestra de inglés, para ponerla al tanto de toda esta situación. No se preocupen por las ausencias; esas quedarán justificadas.

Pitirre madre: Muchas gracias por su comprensión. No tenemos como pagarle tanta gentileza de su parte. No cabe duda de que nuestra comunidad está favorecida al tener una servidora pública como usted.

Misis Cotorra: No. De ninguna manera. Gracias a ustedes por haber venido y compartido toda esa importante información. *(Se oye un gran escándalo en el patio de la escuela) ¡Bendito sea El Señor!* ¿Qué es eso? Con su permiso, permítanme unos minutitos para averiguar lo qué está sucediendo afuera. Espérenme aquí, por favor.

Estudiantes: Duro Pitirre. Dale Guaraguao. Duro Pitirre. Párate Guaraguao.

Misis Cotorra: Abran paso. ¿Qué está pasando aquí?

Estudiantes: Pitirre y Guaraguao se están peleando porque Guaraguao se puso a regar un chisme por toda la escuela. Guaraguao dice que Pitirre está *crackeado* y que por eso lo habían botado de la escuela *como pamper usado*.

Misis Cotorra: *(Llegando hasta donde se encuentran los jovencitos)* ¿Qué se están creyendo ustedes? Aquí estamos en un plantel educativo. Quiero que quede claro, que aquí, ustedes no están en un *cuadrilátero* de boxeo. Vamos inmediatamente para mi oficina. Ayúdeme, *Mister* Múcaro, por favor.

Pitirre padre: ¡Hijo! ¿Qué pasó? ¿Por qué te estabas peleando?

Pitirre madre: *(Con lágrimas en sus ojos).* Dinos hijo. ¿Cuál fue el problema? Tú puedes tener la seguridad de que te comprenderemos y haremos todo lo posible por darte la mejor ayuda. Sabes bien que siempre hemos querido lo mejor para ti.

Mister Múcaro: Disculpen la interrupción. *Misis* Cotorra. Dese prisa y llame al 911. Guaraguao está muy mal. No despierta. Está *noqueado*. *(Mirando a Pitirre padre)* Ese hijo suyo vale una gran fortuna. Debería de llevárselo a Las Vegas. Tiene pegada de campeón. ¡Qué bárbaro! *(Haciendo ademanes de boxeador con las manos)* Una izquierda. Una derecha. Otra izquierda. Otra derecha y listo.

Misis Cotorra: ¡*Mister* Múcaro! ¿Cómo se atreve hacer esos comentarios. Permítame recordarle que está usted en una escuela. Aquí la violencia se combate con las poderosas armas del estudio y no con más violencia.

Mister Múcaro: Perdón. Fue que me dejé llevar por mis emociones. *¡Mi madre!* Si lo llega a descubrir uno de esos promotores de boxeo, como ese de los pelos parados, ¿Cómo se llama? *¡Ay!* El que parece que lo asustó un león. Bueno, ustedes saben a quien me refiero.

Misis Cotorra: (marcando al 911) Estoy llamando de la escuela elemental Rubén Berríos. Por favor, envíen una ambulancia inmediatamente. Tengo un estudiante que está *noqueado*, digo inconsciente. *(Dirigiéndose a Pitirre hijo)* ¿Cómo tú te sientes? ¿Estás bien?

Mister Múcaro: *(Dirigiéndose a Pitirre hijo)* Pero si este *nene* no tiene ni un rasponcito. ¡Qué *pela* tú le has dado, mi *pana*! La verdad es que parece que tus padres te alimentaran con puro *ñame*. Derecha o izquierda, no sé cuál de las dos sea la mejor. Tú has nacido para ser un gran campeón.

Misis Cotorra: *Mister* Múcaro vuelva ya a su salón y gracias por la ayuda.

Mister Múcaro: De nada *Misis* Cotorra. ¡Qué tiempos! ¡Qué tiempos en los que yo boxeaba!

Misis Cotorra: *(Hablando para sí misma)* ¿Qué yo voy a hacer con este maestro? Es buena gente pero a veces se comporta peor que los mismos *nenes*. *Me está que por eso* lo trasladaron de escuela. Suerte que tiene *la permanencia* sino ya lo hubieran *botado como bolsa*.

Pitirre padre: ¿Decía *Misis* Cotorra? No le oímos lo que acaba de decir. Podría repetirlo. Lo que pasa es que estábamos poniéndole atención a *Mister* Múcaro.

Misis Cotorra: No nada. Estaba hablando sola. Lo que sucede es que esto de ser *Principal de escuela* requiere de mucha paciencia para lidiar con tanto a la vez. Déjenme decirles que no son solamente los estudiantes; si fuera eso sería un *mamey*. Tiene uno que lidiar también con maestros, padres de familia, líderes de la comunidad, políticos, en fin, es cuento de no acabar. Estoy esperando jubilarme pronto para irme ya a descansar porque sino me va a dar un *patatús* tan fuerte que *voy a estirar las patas*.

Pitirre madre: Créame que lo sentimos mucho. Nunca ha sido nuestra intención hacer su trabajo más difícil.

Pitirre padre: Debe de ser muy *pesado* eso de ser *Principal* de una escuela. Pero díganos ¿Cómo podemos ayudarla? ¿Qué debemos hacer en este caso? ¿Va a suspender a nuestro hijo otra vez? *(Se oye la sirena de una ambulancia)*

Misis Cotorra: Permítanme un momento. Déjenme atender este caso.

Pitirre padre: *(Un par de minutos después se oye de nuevo la sirena de la ambulancia)* Lo sentimos mucho, *Misis* Cotorra, pero todavía no sabemos cuál fue el motivo de la pelea de estos dos *nenes*. Nuestro hijo está callado y no se ha atrevido a pronunciar palabra alguna. No quiere hablar.

Misis Cotorra: Parece que Guaraguao está muy mal. Se lo llevaron directo al Centro Médico de Río Piedras. Tiene una fuerte lesión cerebral.

Pitirre padre: *¡Ea rayos!*

Pitirre madre! *¡Ay virgen!*

Misis Cotorra: Estuve tratando de comunicarme a la casa de Guaraguao pero no contesta nadie.

Pitirre padre: ¿No tiene el número del celular?

Misis Cotorra: Sí. Traté pero parece que es de esos de tarjeta prepagada y tal vez ya se le acabaron los minutos porque no contestan. Pasando a la pregunta que me hizo antes de que llegaran los paramédicos. Creo es mejor que deje al *nene* en su casa una semana en lo que los ánimos se calman.

Misis Cotorra le cuenta a los padres de Pitirre los comentarios que, según los estudiantes de la escuela, había hecho el Guaraguao durante los tres días en que su hijo estuvo expulsado de la escuela.

Pitirre madre: *(Rompe a llorar)* ¡Qué crueles son algunos chicos! ¿Dónde aprenderán a ser así? Me imagino que debe de ser tanta violencia que ven en la televisión. No creo que en la escuela ellos aprendan tantas cosas malas.

Misis Cotorra: No se crea. En algunas escuelas se aprende de todo. Ya no estamos en los tiempos de antes. Los maestros tenían toda la autoridad para corregir a los alumnos. Empleaban el castigo físico. Hoy en día los maestros ni tan siquiera se atreven a darles una mirada de desapruebo porque entonces los *chicos* se quejan de maltrato sicológico y hasta demandan a sus maestros. En muchos casos, los pobres maestros pierden hasta el empleo; única fuente de trabajo para algunos. Hay maestros que dependen solamente de este empleo para poder llevar el sustento a sus hogares y si están aquí, no es por el humilde sueldo que reciben, sino porque nacieron con la vocacion de guiar a nuestra linda juventud; que al fin y al cabo, serán el futuro del país. No hay respeto. Los pobres maestros están maniatados y muchas veces hasta se sienten muy amordazados. No digamos ellos nada más. Los mismos padres de familia tampoco se atreven a castigar a sus hijos porque en muchos casos hasta son amenazados por sus propios hijos. Hay jóvenes que llaman al 911 y acusan a sus progenitores de maltrato físico o sicológico. Por eso estamos como estamos. ¿La televisión? *Bien, gracias.* Muchas veces una en cada cuarto para que los chicos no se peleen por *el control;* quizás es el medio más fácil para algunos padres de sentirse libres por un buen rato. Unos, para ocuparse de los *quehaceres* del hogar, olvidándose que la estricta supervisión de nuestros hijos es el *quehacer* más importante que existe. Otros, para poder chismear por teléfono o *darse la fría* con los amigos. En fin, estamos viviendo un mundo más loco desde que los buenos padres y maestros carecen de la autoridad para corregirlos porque no es trabajo del maestro solamente; se requiere toda una comunidad. Sé que existen casos de maestros, así como de padres, que han abusado. Ante la situación que vivimos, no hay duda que los métodos pasados funcionaban mejor que los de hoy en día. No hablemos de las gangas o de las drogas. Esas son dos de las peores pesadillas que sufre nuestra sociedad pero eso ya sería un capítulo aparte para discutir. La verdad es que no sé en qué va a parar todo esto.

Pitirre padre: Eso es correcto. Vamos para la casa ya. Hasta luego.

Misis Cotorra: Hasta la vista.

Pitirre madre: Vamos hijo. Hasta luego, *Misis* Cotorra.

Misis Cotorra: ¡Qué les vaya bien!

Misis Cotorra camina por los pasillos de la escuela entregando a los maestros una hoja en la que los exhorta a asistir, después de finalizadas las clases, a una reunión de la facultad con carácter de emergencia. Les pide también que traigan toda la documentación académica así como de conducta de los estudiantes que protagonizaron la pelea.

Tercer

acto

Escena 1

Esa tarde en la Escuela Elemental Rubén Berríos se llevaba a cabo la reunión para decidir el destino escolar de Guaraguao y de Pitirre hijo.

Misis Cotorra: Buenas tardes estimados colegas. El motivo de esta reunión es para decidir las opciones que hay para colocar a nuestro estudiante Pitirre en un centro correccional, una escuela para estudiantes con problemas de aprendizaje o la educación en el hogar. En ésta, un maestro de educación especial le dará las clases. El Departamento de Instrucción le proveerá una computadora personal para que pueda beneficiarse con los ejercicios de práctica y tareas a través de la *Internet*. Debemos llegar a un acuerdo sobre cual es la mejor alternativa para dicho estudiante. En el caso del otro estudiante, Guaraguao, después de una exhaustiva revisión a su expediente, he notado que está en balance con el de Pitirre y las opciones son las mismas en este caso. Deseo anticiparles también que estos trámites se toman tiempo. Mientras tanto tendremos que tenerles en estricta y constante vigilancia a ambos tanto dentro del plantel escolar como en sus alrededores. La policía va a estar vigilando las inmediaciones de la escuela para evitar cualquier tipo de problema. Recuerden que nuestros alumnos son la única razón que tenemos para estar aquí.

La reunión de la facultad se llevaba a cabo, como era de esperarse, de una manera muy profesional. Todos los maestros aportaban sus opiniones y al final, unánimemente, coincidieron en que la última opción presentada por Misis Cotorra era la mejor para ambos alumnos. Los estudiantes recibirían los servicios educativos en sus respectivos hogares. De pronto, se escuchó un gran escándalo en el patio de la escuela. Todos extrañados salieron para ver que estaba sucediendo. En el medio del patio estaba el papá de Guaraguao dando gritos y llamando a Misis Cotorra.

Mister Múcaro: Si gusta yo voy y le enseño a ese como comportarse en un centro educativo. *Un par de puños,* digo, de lecciones no le vendrían mal.

Misis Cotorra: Le agradezco mucho su oferta. Esto déjemelo a mí que para eso soy la *Principal*. Yo me encargaré de ponerlo en su lugar.

Guaraguao padre: *(Con alto tono de voz y actitud desafiante)* ¿Dónde está mi hijo? Me enteré que lo habían golpeado.

Misis Cotorra: Si baja el tono de su voz, le podría explicar todo lo sucedido. De lo contrario, tendría que llamar al papá de Pitirre para que se lo explique él mismo.

Guaraguao Padre: No. No. Disculpe. La escucho.

Escena 2

Pitirre madre: ¿Qué vamos a hacer? No ha vuelto a hablar. No dice nada. Casi ni come. Ya no quiere mirar ni tan siquiera *los muñequitos de la tele*. Ya tú viste que ni al sicólogo le quiso contestar. Tan feliz que era. No ha vuelto a cantar ni cuando se está duchando. Ya tú te diste cuenta, el sicólogo dice que no ha notado mejoría y que por el contrario, teme que su salud mental este poco a poco deteriorando con el correr del tiempo. Aún sigue teniendo las pesadillas de siempre.

Pitirre padre: ¿Cómo sabes que son la de siempre?

Pitirre madre: Porque cuando está durmiendo se pasa repitiendo en voz alta de que no quiere hablar inglés.

Pitirre padre: ¿No será la manera de enseñar de esa maestra? Recuerda que ella no nació aquí. Puede ser que el mensaje no le esté llegando claramente a nuestro hijo.

Pitirre madre: *¡Ay, chico!* No me vengas ahora con que tú eres racista. ¿Qué tiene que ver que la maestra de inglés no haya nacido aquí? Además, ¿Por qué los demás sí aprenden ese idioma y el *nene* no? Tal vez será porque no le pone demasiado interés ya que nunca le gustó, ni tan siquiera, mirar los *muñequitos* de los canales que están en inglés.

Pitirre padre: Y tú cómo sabes que los demás están aprendiendo inglés?

Pitirre madre: Bueno, yo supongo que sí. Pero espérate, ahora que tú mencionas eso, la mamá del Coquí me había comentado que su hijo tampoco ha aprendido *ni jota* de inglés y que la gran mayoría de los estudiantes no quieren aprender ni tan siquiera un *chispito* de ese idioma. También me dijo que Pitirre, una vez, le dijo a la maestra que ni él ni nadie, incluyendo ella, tenían que hablar inglés en Puerto Rico y que se fuera para su país porque ya estaba cansado de ver tanto extranjero viviendo aquí y metiéndose en lo que no les importa.

Pitirre padre: ¿Y cómo es que tú no me habías dicho eso a mí? Ahora me doy cuenta que lo que siente mi hijo es un resentimiento, un sentimiento de rebeldía, de impotencia, al ver que se está enfrentando solo ante lo que él considera injusto. Sus compañeros de clase son más sumisos. Coquí, por ejemplo, es muy tierno y jamás se atrevería a enfrentarse a nadie para defender lo que creyera justo. Ni tan siquiera Guaraguao, que tal vez lo que hace es puro teatro para esconder ese mismo resentimiento que sentimos casi todos pero que no lo queremos demostrar y si lo hacemos es con acciones equívocas. Guaraguao es un ejemplo. Sus mecanismos de defensa los emplea como catarsis, queriendo así, proyectarse hacia la gran valentía de nuestro hijo, que aunque pequeño, cuenta con un corazón de león. Pitirre no tiembla para enfrentarse a defender lo que cree justo.

Pitirre madre: ¿Qué vamos a hacer? Ya tú leíste los reportes del sicólogo diciendo que nuestro hijo sufre de dificultad en el aprendizaje. El documento que le mandó a la *Principal* de la escuela es una recomendación para que lo coloquen en clases de educación especial. Dice que, por la severidad del caso, necesita ser ubicado en salones especiales para este tipo de estudiantes y que además se le deben administrar no sé que tipo de drogas para mejorar su conducta.

Pitirre padre: *¡Sea mi vida gris!* Mira *chica. Déjame respirar hondo y contar hasta diez.* Tú sabes tanto como yo que nuestro hijo no es ningún retardado. En todo caso, aquí los únicos que están retardados son todos aquéllos que piensan que el *nene* es un *bobo*.

Pitirre madre: ¿Y qué vamos a hacer entonces? El *nene* lleva dos días encerrado en el cuarto y no quiere salir para nada. Cuando único se le oye decir algo es cuando habla dormido diciendo que no quiere aprender a hablar inglés.

Pitirre padre: Nos vamos a ir de viaje por varios días con el nene. Mientras estuvo de viaje, no sufrió de pesadillas. Se la pasó de lo más contento, comía de todo y *hablaba hasta por los codos*. No tenía a nadie que le *jorobara* la vida.

Pitirre madre: Estoy de acuerdo contigo. *Ojalá* cambie y vuelva a ser el de antes, porque si no, la que se va a volver loca voy a ser yo.

Pitirre padre: Hijo. Arregla tus cosas que nos vamos de viaje. Esta vez *mami* nos acompañará.

Pitirre madre: *(En el cuarto con su hijo)* Dime que quieres llevar. Yo te voy a ayudar a empacar.

Pitirre hijo: Primero que nada quiero llevar mis libros de cuentos.

Pitirre madre: No te los lleves todos. Escoge tres de tus preferidos.

Pitirre hijo: Me la pusiste muy difícil esta vez. Está bien. Me llevaré *"Las increíbles aventuras del patito Kuak Kuak"*, *"Las increíbles aventuras de la vaquita Muú Muú"* y también *"Las increíbles aventuras de la chivita Beé Beé"*.

Pitirre madre: ¡Fantástico! Ya está todo listo.

Pitirre padre: Ya yo estoy listo también. Vámonos.

Nuevamente por el azul cielo de Borinquen, felizmente y jugueteando, volaba Pitirre hijo acompañado, esta vez, de ambos padres.

Pitirre hijo: Mira *papi*. Mira que lindas se ven las verdes montañas desde aquí arriba. La mañana está fresca hoy y hay bastante brisa.

Pitirre padre: Sí. Lo que pasa es que ya se acerca diciembre y en ese mes baja un poco la temperatura y tenemos más brisa.

Pitirre madre: Tengan cuidado y miren por donde van para que no vayan a chocar.

Pitirre hijo: *Papi* mira. ¡Qué bellas se ven las olas del mar! Parece que vinieran con muchos deseos de besar nuestras playas de blancas arenas y cobijarlas con su blanca espuma.

Pitirre padre: Muy poética observación hijo.

Pitirre hijo: Ahora que mencionas eso. ¿Cuándo vas a recitarnos una linda poesía. De esas que tú te sabes.

Pitirre madre: Vamos. Complace a tu hijo. A mí también me fascinaría escuchar una.

Pitirre padre: Me han dado en mi punto más débil; saben que la poesía es lo que más me apasiona.

Pitirre madre: Descansemos en aquella palma de cocos y de una vez aprovechamos para tomarnos el agua de algunos cocos. ¿Qué les parece?

Pitirre hijo: Magnifica sugerencia y *papi* nos declamará uno de esos poemas que te recitaba cuando ustedes dos eran novios.

Pitirre madre: Eso me parece una muy buena idea.

Pitirre padre: (Luego de un breve descanso y mirando a su hijo) Ya estoy listo para declamar uno de los poemas que le recité a tu mamá cuando nos miramos por primera vez:

> *Quisiera ser el día*
> *o quizás su luz*
> *para alumbrar el sendero*
> *por donde caminas tú.*
>
> *Quisiera ser la luna*
> *o quizás una estrella*
> *para poder alumbrar*
> *tu imagen tan bella.*
>
> *Quisiera ser la llama*
> *que prende tu corazón*
> *y en noches sin luna*
> *alumbrar tu balcón.*

Quisiera ser el poeta
que enamorado compone
dulces versos de amor
sobre las constelaciones.

Quisiera ser ese faro
que alumbra a lo lejos
para guiar tus deseos
a través de mis besos.

Quisiera ser la fresca brisa
a la orilla del mar
para cantarte sin prisa
una canción especial.

Quisiera ser del río
la más fresca corriente
y anunciar nuestro idilio
a toda la gente.

Quisiera ser el velero
que navega en tu corazón
y naufragar en tu pecho
al compás del reloj.

Quisiera ser del rocío
la fresca mañana
y refrescar tu amor y el mío
a través del fondo de mi alma.

Quisiera ser de las flores
la más fresca fragancia
y saciar con mis labios
todas tus ansias.

Quisiera ser la tonada
que mi arpa compone
y grabar tu mirada
en mis dulces canciones.

Quisiera ser el ave
que feliz va llevando
inolvidables notas de amor
hasta los corazones.

Quisiera ser el aire
que respiras en cada segundo
para recorrer todo tu cuerpo
hasta el fin de este mundo.

Quisiera ser del océano
la más fragante espuma
para bañar tus entrañas
bajo la luz de la luna.

Quisiera ser el verano
o quizás su luz
para fundirme en tu cuerpo
y cubrirlo de amor.

Quisiera ser ese árbol
del fruto prohibido
para cubrir con sus hojas
tu cuerpo y el mío.

Todas esas cosas y más
quisiera yo ser
y en cada instante de mi vida
podértelas yo ofrecer.

Pitirre hijo: ¡Bravo. Bravo, *papi*! Eres todo un gran declamador. Siempre me ha gustado escuchar cuando le declamas poesías a *mami*. El día que sea grande también seré declamador como mi *papi*.

Pitirre padre: *(Mirando a su esposa)* ¿Por qué lloras?

Pitirre madre: No estoy llorando. Son lágrimas de emoción. Lo que pasa es que cada vez que declamas esa poesía llegan a mi corazón las mismas vibraciones que sentí ese primer día cuando nos conocimos.

Pitirre hijo: ¡Bravo. Bravo, *mami*! Eres toda una romántica. ¿Qué les parece si continuamos con el viaje? Ya descansamos lo suficiente.

Pitirre madre: Por mí no hay inconveniente.

Pitirre padre: De mi parte tampoco. ¿Qué les parece si nos vamos para El Verde un rato y luego nos bañamos en la playa de Luquillo?

Pitirre hijo: Me parece formidable. ¿Y a ti mami?

Pitirre madre: Fantástico. Así aprovecharemos y nos comeremos unos *piononos* que hace tiempo no los como.

Pitirre hijo: ¡*Piononos*! Me encantan.

Pitirre padre: Yo me comeré un *arroz con jueyes*, unos *tacos de jueyes*, unos *bacalaitos fritos*, unos *rellenos de papa*, unas empanadillas acompañadas de tres *cocos fríos* y de postre un *dulce de coco*.

Escena 3

Nuevamente la familia Pitirre surca el claro y azulado cielo de Puerto Rico en busca de las verdes y exuberantes montañas de El Verde en donde pasan inolvidables momentos llegando finalmente a Luquillo para bañarse en sus tibias y cristalinas aguas.

Pitirre padre: Ya tengo hambre. ¿Qué tal si vamos a comer?

Pitirre madre: Está bien pero ten cuidado. No se te olvide lo que te pasó en casa de mi hermana, la que vive en Mayagüez.

Pitirre hijo: Sí, *papi,* que no te vaya a dar otra *churra* porque nos arruinarías el viaje.

Pitirre padre: Está bien trataré de medirme.

Cada quien ordena sus platos típicos predilectos. Pitirre madre tiene que estar recordándole a su esposo de no comer demasiado. Finalmente, todos se sienten muy satisfechos y se ponen de acuerdo sobre el próximo sitio a visitar.

Pitirre hijo: *(Envuelto en sus pensamientos)* ¡Qué chévere! Viajaremos sobre Loíza Aldea, Piñones, Isla Verde y Punta Las Marías. Tal vez pueda ver a mi amiguito, el que vive en *Lloréns*.

La familia Pitirre se detiene en Lloréns Torres para saludar a viejas amistades. Pitirre hijo tiene la oportunidad de jugar con su amiguito. La tarde empieza a caer y un bello celaje se forma en el incomparable e inigualable horizonte del azul cielo puertorriqueño. La familia Pitirre se despide y dirige su rumbo hacia el Viejo San Juan, pasando primero por la Avenida Ashford, en el Condado.

Pitirre padre: Esos *pasteles* que nos comimos en casa de nuestros amigos estaban deliciosos.

Pitirre hijo: A mí me gustaron las *croquetas* de jamón que me dieron.

Pitirre madre: Todo estaba muy rico.

Pitirre padre: El *guarapo* estaba bueno también.

Pitirre madre: ¿Estás seguro que era *guarapo de caña*? Yo creo que lo que estabas bebiendo con tu amigo era *Pitorro*.

Pitirre hijo: *Papi.* ¿Por qué no me diste *pitorro? Mami.* ¿Qué es *Pitorro*?

Pitirre madre: No te preocupes por eso. Eso es cosa de…

Pitirre hijo: (Interrumpiendo a su madre) Ya sé. Es cosa de grandes.

Pitirre padre: ¡Qué *tapón*! Yo creí que solamente en Bayamón se formaban *tapones.* Esto está peor. Es increíble. Vamos a pararnos en la azotea de ese hotel para contemplar el paisaje.

Pitirre madre: Sé que en Bayamón y en la Avenida Baldoriti, los *tapones* se forman debido a la hora de entrada y salida de los trabajadores. Lo que no entiendo es por qué se forman en la *Ashford,* a esta hora, si ya son casi las ocho de la noche.

Pitirre padre: Lo que pasa es que esto tiene muchos hoteles, es un sitio turístico, hay mucha actividad las veinticuatro horas y a muchos jóvenes les gusta *darse la vuelta* aunque no se bajen para nada.

Pitirre hijo: Eso está *chévere.* Yo voy a hacer lo mismo cuando sea grande.

Pitirre padre: (*Mirando a su esposa*) ¿No te gustaría tomarte una *Piña Colada* en este hotel?

Pitirre madre: Aquí no. En el Viejo San Juan, sí.

Pitirre padre: Allá debe de haber *tapón* también pero tú tienes razón. En el Viejo San Juan nos vamos a sentir que en realidad estamos en Puerto Rico. Estos lujosos hoteles del Condado cada día se asemejan más a los de Las Vegas. En el Viejo San Juan le compraré una *Piña Colada Virgen* al *nene* para que la pruebe.

Escena 4

Coro de estudiantes: ***Despierta borinqueño que han dado la señal! ¡Despierta de ese sueño que es hora de…***

Mister Múcaro: Perfecto jóvenes, perfecto. Ya les había dicho que ustedes son geniales. No cabe duda. Tengo las mejores y más lindas voces de toda la isla. Los felicito. Ustedes representan el orgullo más grande de nuestra patria.

Guaraguao: *Mister*. Te acuerdas que una vez nos dijiste que nos ibas a decir porque tenías el salón todo decorado con los colores verde y blanco.

Mister Múcaro: Sí. No se me había olvidado. De hecho, voy a explicárselos ahora mismo. El blanco representa la paz. Esa paz en la que todos deseamos vivir. La paz representa la libertad. Sin libertad no puede haber paz. Libertad para elegir. Sí. Libertad para escoger tu bandera y ondearla junto a las otras repúblicas del mundo. De comerciar con quienes quisiéramos sin tener que pedirle permiso a nadie. Libertad de cantar nuestro himno nacional con la frente en alto junto a otras naciones. Libertad de tener nuestra propia moneda si es que quisiéramos tenerla. No tener que usar dinero estampado con las fotografías de líderes de una tierra ajena. Les podría seguir diciendo más pero el tiempo es oro y nuestra clase es de música y no de civismo.

Todos los estudiantes aplauden. Muchos tienen lágrimas en sus ojos.

Pitirre hijo: ¿Y el verde?

Guaraguao: Ese queda en Canóvanas.

Pitirre hijo: Yo no digo ese. No vengas con *chistes mongos* a hacerte el gracioso que tú sabes bien que me estoy refiriendo a los colores. De eso es lo que estamos hablando.

Mister Múcaro: El verde representa la vida. El color de nuestras montañas. La fertilidad de nuestra tierra. Ustedes representan esa fertilidad. Ustedes representan la vida y el futuro de nuestra nación. No debemos permitir que fuerzas extrañas sean dueñas de nuestras vidas. Suficiente tenemos con los huracanes que nos amenazan año tras año para que otras fuerzas nos tengan dominados.

Todos aplauden nuevamente pero esta vez hasta el maestro tiene lágrimas en sus tristes ojos.

Pitirre hijo: La verdad es que el maestro si sabe decir las cosas en sentido figurado. Es inteligente. No se comprometió a hablar políticamente pero sí, poéticamente. Todos le entendimos muy bien. Yo quiero ser como él cuando sea grande.

Pitirre y Coquí salen de la escuela. Es una tarde húmeda y nublada.

Coquí: Yo creo que ya hemos ensayado bastante para la magnífica *velada* que *Mister* Múcaro tiene programada para esta navidad. ¿No crees?

Pitirre hijo: Definitivamente. Eso es así. *Es más*, yo creo que sería bueno que el *Mister* comenzara a mandar las invitaciones a las casas.

Coquí: Párate. No des un paso más. Me pareció ver algo moviéndose detrás de esos árboles. Tengo la sensación de que estamos siendo observados.

Pitirre hijo: ¿Por quién y para qué?

Coquí: No lo sé. Sigamos caminando pero con mucho cuidado.

Pitirre hijo: *(Después de un buen rato de caminar)* Bien. Ya vamos llegando a nuestras casas y no pasó nada. Me parece que estuviste exagerando.

Coquí: Tal vez. Pero te juro que siento que alguien nos ha estado vigilando. Si quieres vienes a casa más tarde y hacemos juntos la tarea de español.

Pitirre hijo: *(Pitirre se va apresurado y desde la distancia le contesta a su amigo)* Eso está perfecto. Le diré a mamá. ¡Ay!

Coquí: *(Hablando para sí mismo)* ¿Qué fue eso? Me pareció oír un lamento proveniente de la misma dirección en que se fue Pitirre para su casa. Iré a investigar. Tengo el presentimiento de que algo malo le pudo haber sucedido. ¡Oh, no! Pitirre, Pitirre. ¿Qué haces tirado en el suelo? Vamos levántate. No responde. Parece inconsciente o tal vez está muerto. Pero quién pudo haberle hecho daño. *(Mira a su alrededor y descubre un rastro de hojas recién pisoteadas así como algunas ramas quebradas. Sigilosamente se acerca a un grupo de arbustos pero antes de llegar escucha las alas de varios pájaros huyendo del sitio)* Esto *está cañón.*

¿Qué haré? Necesito pedir ayuda. Pero si me voy y lo dejo aquí solo, podrían volver los que acaban de huir. No me puedo quedar aquí. Si Pitirre estuviera muerto, ya no podrían hacerle más daño del que ya le hicieron pero si no lo está, podría aún salvarle la vida. Iré por ayuda. Iré a casa de sus padres. Ahí de seguro encontraré a su mamá.

Pitirre madre: 'chacho que son esos gritos. Ni que hubieran matado a alguien.

Coquí: Sí. Digo no. La verdad, no lo sé. Es su hijo. Está tirado en el camino. No se mueve. Tampoco oye ni habla. *Avanza*. Vamos a ver qué le pasó. Tal vez lleguemos a tiempo para salvarle la vida.

Pitirre madre: *(Con los rolos puestos y rezando por el camino)* Pero si esta mañana, él estaba bien.

Pitirre padre: ¡Oye! ¿Cuál es la prisa?

Coquí: Es su hijo. Algo malo le ha pasado. No hay tiempo que perder. Vamos por él. Si *avanzamos*, tal vez lleguemos a tiempo para salvarle la vida.

Pitirre padre: Entonces la cosa es seria.

Coquí: Es por aquí. Mírenlo ahí está todavía tal y como lo dejé. No vinieron a hacerle nada.

Pitirre padre: Está inconsciente. Rápido. Vamos a llevarlo al Centro Médico para que lo atiendan. No me explico qué le pudo haber pasado.

Coquí: Eso quiere decir que aún respira; no está muerto.

Pitirre padre: No. Quizás solamente se dio un fuerte golpe que lo hizo perder el conocimiento.

Coquí: ¿Qué fue eso?

Pitirre madre: Se oyó como si alguien estuviera escondido entre las ramas de los árboles.

Coquí: Tengo miedo.

Pitirre padre: No temas. Aquí estoy yo. Ya está oscureciendo. Démonos prisa que si no este *nene* se nos va a morir por el camino.

Escena 5

Sala de emergencia del Centro Medico. Coquí relata a la policía todo lo que vio y oyó en el lugar donde encontró inconsciente a su pequeño amigo. También contesta algunas preguntas relacionadas con seres que le pudieron haber hecho daño. Los investigadores salen en busca de un potencial sospechoso. Minutos más tarde, los padres de Coquí llegan a recoger a su hijo. Mientras tanto, los padres de Pitirre llevan tres horas esperando el diagnóstico del cirujano, más el largo tiempo extra, que esperaron para que le atendieran a su hijo.

Pitirre padre: ¿Qué estará pasando ahí dentro? Ya mi presión arterial la siento por las nubes.

Pitirre madre: No sé. Estoy desesperada. Ya son muchas horas de espera.

Pitirre hijo: *(Dentro de la sala de cirugía y aún inconsciente)* Tengo mucho frío. Quiero estar al lado de mi mamá. ¿Dónde está mi papá? ¿Dónde estarán mis amiguitos? Me siento muy solito. Todo se está poniendo muy oscuro. Me siento flotando en tinieblas. No veo ninguna estrella esta noche.

Pitirre madre: Tengo la sensación de que nuestro hijo se quiere comunicar con nosotros.

Pitirre hijo: ¿Por qué no me puedo mover? ¿Qué me está pasando? ¿Será que me voy a morir? Pero mi mamá dijo que yo era el rey de Roma y que este año no me iba a morir. No me dejen solo. Yo no me quiero morir todavía. Mamá. Mamá. Papá. Papá.

No puedo creer lo que estoy viendo:

> *¡He ahí mi féretro! ¡Helo ahí!*
> *Gris. Triste.*
> *Triste y gris como mi ser.*
> *Sin un ayer; sin un amanecer.*
>
> *Quizá ruede una lágrima;*
> *una lágrima sobre él.*
> *Una lágrima que entibie*
> *el frío anochecer.*

O quizá nadie se acuerde,
después de poco tiempo,
quién yace dentro,
dentro de su piel.

¡Mi sarcófago pronto cerrarán!
Una flor piadosa alguien lanzará.
anunciando el viaje de uno más:
Un viaje hacia la soledad.

El cementerio duerme en silencio.
Un nuevo huésped morará en él,
en un féretro gris, triste y frío:
Frío como el anochecer...

Mientras tanto, en el cuartel de la policía, uno de los sospechosos está siendo interrogado.

Guao Guao: Dígame si es cierto o no es cierto que usted se pasaba molestando al Pitirre.

Guaraguao: Sí. Es cierto.

Guao Guao: Dígame si es cierto o no es cierto que usted le andaba diciendo a todo los estudiantes de la escuela que el Pitirre estaba loco.

Guaraguao: Sí. Es cierto.

Guao Guao: Dígame si es cierto o no es cierto que usted comió chuletas hoy por la tarde.

Guaraguao: Sí. Es cierto. ¿Pero como lo sabe?

Guao Guao: Cállese. Aquí yo hago las preguntas. Dígame si es cierto o no es cierto que usted se encontraba acompañado de su ganga en el Cerro Maravilla, sitio en que encontraron el cuerpo del Pitirre tirado en el suelo.

Guaraguao: Sí. Es cierto.

Guao Guao: Quedan todos detenidos hasta que recibamos noticias del hospital.

Guaraguao: Pero nosotros somos inocentes.

El médico, finalmente, llama a los padres de Pitirre. Les recomienda que se armen de valor pues su hijo está en estado de coma y agonizando.

Pitirre madre: *(Llorando)* No puede ser. No puede ser. ¿Por qué él? ¿Por qué él? Quítame la vida a mí pero no a él. No es justo. Es una indefensa criatura.

Pitirre padre: Valor. Valor. Sé que no es justo. Yo también daría mi vida por él. Es el ser más noble que jamás haya conocido. No es justo.

Pitirre hijo: *(Recobrando conciencia y dando su último suspiro)* No quiero hablar inglés. No quie...

Pitirre padre: *(Gritando desesperadamente)* NOOOO. NOOOOOOOOOO. NOOOOOOOO. NOOOOOOOOOOOO.

(Se desploma en el suelo como fulminado por un rayo)

Pitirre madre: *(Llamando a gritos)* Doctor. Doctor. Venga a ver a mi marido. Pronto.

Doctor: *(Examina a Pitirre padre)* Lo siento. Su esposo ha muerto. Su corazón no soportó la fuerte impresión.

Pitirre madre: *(Llorando)* Noooooooo. Nooooooo. Noooo. Noooo. ¿Y mi hijo doctor? Yo lo oí hablar.

Doctor: *(examinándolo)* Lo siento. Ha muerto.

Pitirre madre: *(Sollozando)* Doctor. ¿Cuál fue la causa de la muerte de mi hijo.

Doctor: Los exámenes de sangre mostraron altas concentraciones de radioactividad en los pulmones y también en su sistema digestivo. Dígame. ¿No estuvo su hijo de casualidad en la isla de Vieques?

Pitirre madre: Sí. Él y su padre estuvieron allí. Recuerdo que su padre me comentó que al *nene* le había dado un fuerte dolor de estómago por la gran cantidad de *acerolas* que comió ese día.

Doctor: Ahí está la respuesta. Esas *acerolas* y el aire respirado en ese sector fueron las causas de la muerte de su hijo.

Pitirre madre: Con razón el *nene* se comportaba de una forma extraña. Ni tan siquiera tenía apetito. Mi esposo también sentía fuertes dolores de estómago y le dieron unas cuantas diarreas.

Doctor: Su esposo era un adulto fuerte pero en corto tiempo hubiera muerto de lo mismo.

Pitirre madre: ¿Por qué tenemos que sufrir y estar pagando de esta manera?

Doctor: Esa es la gran pregunta de los *64,000 mil chavitos*. No es justo que nuestro pueblo no tome conciencia y despierte ya de una vez y por todas.

Es una tarde oscura y nublada. Los funerales de Pitirre padre e hijo se están llevando a cabo. Todos los estudiantes, educadores y demás amistades de la familia Pitirre desfilaban tristemente dándole a ambos su último adiós.

Guaraguao padre: Hijo. Hoy se cierra un capítulo y se abre otro en nuestras vidas. Esta situación ha sido en realidad una gran lección.

Guaraguao: Ya sé. Es muy triste ver partir a un amigo. Pensar que nunca aprecié su amistad. Nunca cruzó por mi mente hacerle un daño como el que me estaban achacando.

Guaraguao padre: Por eso digo que todo esto ha sido una gran lección. En realidad muchas veces no apreciamos lo que tenemos hasta que lo perdemos. Quizás ya para entonces sea demasiado tarde.

Guaraguao: Como en este caso.

Guaraguao padre: Seguro que sí.

Sol de Borinquen: Me siento tan triste. Cómo es posible que no estuviéramos con él a la hora de su muerte.

Luna plateada: Quizás si hoy yo hubiera salido un poco más temprano a dar una mirada por el cerro, muchas cosas se habrían podido haber hecho...

El canto triste del Coquí se oyó así aquella noche:

> **Por fin descansaba;**
> **ya no se oían más voces.**
> **Por fin soñaba;**
> **ya no habrían más reproches.**

*Nunca comprendió
tanta crueldad,
de un mundo sin piedad
que a él no lo apreció.*

*Todo siempre él lo dio
mas nada a cambio recibió;
en esa forma se marchó
llevando un gran dolor.*

*Siempre muy callado
esperando un abrazo
pero estaba condenado
a que no le hicieran caso.*

*Oíanse, mientras agonizaba,
sus quejidos lastimeros
pues su espíritu lloraba
antes de partir al cementerio.*

*Sollozaba por los que dejaba,
por aquéllos a quien él amaba.
"No quiero hablar inglés",
repetía en su triste agonía.*

*Sucedió lo que era justo
y alejose de la humanidad;
donde viviría muy a gusto
por toda una eternidad.*

Familiares y amistades ya no vio,
el día que diéronle su último adiós.
Entre rumores y llanto
lo recibió el camposanto.

Poco a poco se marcharon;
poco a poco se alejaron.
Ya no había más que hacer;
ya no le volverían más a ver.

Solo muy solo,
como al mundo vino;
así se fue.

Solo muy solo,
dejando una herida
en todo nuestro ser.

Tres meses más tarde. Una alegre y feliz mañana una bella canción de cuna se escucha en el hogar de Pitirre madre.

Pitirre madre: *Arrurrú mi hijo, duérmeteme ya, que si no te duermes...*Eres idéntico a tu difunto padre. Mira tus ojitos, tus *cachetitos*, tus piernitas, tus manitas, tus deditos...

Sol de Borinquen: Yo digo que no. Yo digo que se parece más a su difunto hermanito.

Luna Plateada: Yo diría que se parece a ambos. ¡Lo amo!

Puertorriqueñismos

Acerolas: Pequeña fruta cítrica rica en vitamina c.

Adió': Y eso.

Afrentado: Persona que se pasa de los límites. Gula.

Añangotado: Agachado, de cuclillas, doblado, arrodillado.

Arroz con gandules: Típico plato puertorriqueño a base de arroz amarillo mezclado con gandules y carne de cerdo.

Arroz con jueyes: Típico plato puertorriqueño a base de arroz amarillo mezclado con salmorejo de cangrejo.

Así no me agito por nada: Así no me preocupo, o molesto por nada.

Asopao: Sopa que incluye arroz blanco, pollo o camarones.

Asopaíto: Diminutivo de asopao.

Avanza: Apúrate, de prisa.

Avanzamos: Apuramos.

Avanzando: Apurando.

Ave María: Expresión de sorpresa. ¡Qué barbaridad!

Averiguado: Persona que se quiere enterar de todo; hasta de lo que no le importa.

¡Ay!: Exclamación de dolor o de sorpresa.

¡Ay virgen!: Expresión de sorpresa. ¡Cómo!

Barriga: Estómago.

Bacalaitos fritos: Plato típico puertorriqueño a base de pescado de bacalao.

Bambalán: Grande y lento.

Beba: Bebé de sexo femenino.

Bendito: Expresión que indica mucho sentimiento. Pobrecito. ¡Qué pena!, ¡Caramba!

Bendito mujer: ¡Caramba, mujer!

¡Bendito sea El Señor!: ¡Bendito sea Diós!

Bobo: Tonto, mentecato, retardado.

Boricua: Puertorriqueño.

Borinquen: Puerto Rico.

Borinqueño: Puertorriqueño.

Botado como bolsa: Expresión que da a entender que alguien fue botado como bolsa llena de excremento.

Broki: Malformación de la palabra *brother* proveniente del idioma inglés cuyo significado es hermano.

Cachetitos: Diminutivo de mejillas.

Cállate la boca: No hables. Guarda silencio.

Candungo: Envase.

Casco: Cabeza, cerebro, inteligencia.

Cerealito: Diminutivo de la palabra cereal.

'chacho: Contracción fonética de muchacho.

Chévere: Bien, bueno, bonito, correcto.

Chica: De muy corta edad. Jovenzuela.

Chico: De muy corta edad. Jovenzuelo.

Chistes mongos: Chistes carentes de gracia.

Churra: Diarrea.

Chicken: Palabra del idioma inglés cuyo significado es pollo.

Cochambrosa: Morbosa.

Cojas por el cuello: Regañes.

Con los rolos puestos: Con el cabello enrollado en rolos plásticos o de metal con el fin de peinarlo más adelante.

Correrte la máquina: Siguiéndote la corriente

Cotorra: Lora. Que le gusta hablar mucho.

Coquí: Diminuta ranita oriunda de Puerto Rico de silbido muy peculiar.

Crackeado: Loco.

Croquetas: Zorrullos hechos a base de harina con jamón o pollo.

D: Calificación escolar cuya equivalencia oscila entre un 60% y un 69%.

Dar la cara: Enfrentar una situación.

Darse la fría: Beberse una cerveza fría.

Darse la vuelta: Pasear. Visitar. Salir.

De eso sé yo y me acuesto temprano: Yo soy un experto en esa materia.

Déjame respirar hondo y contar hasta diez: Deja calmarme.

Desmayado del hambre: Muy hambriento.

Derechito: Diminutivo de directo.

De lata: Enlatado.

Diantre: ¡Caramba!

Door: Palabra del idioma inglés cuyo significado es puerta.

Dulce de coco: Dulce a base de leche, azúcar, y coco rallado

Dura: Difícil.

¡Ea rayos!: Expresión de sorpresa. ¡Caramba!

Echa rapidito ese tembleque pa'ca: Dame rápido ese tembleque.

El nene que quería darse la vuelta: El niñito que quería salir o pasear.

Embollado: Rápido.

Embustes: Mentiras.

En mi Viejo San Juan: Canción popular compuesta por el boricua Noel Estrada.

En toda la santa noche: Durante toda la entera noche.

Entre dientes: Hablar muy quedamente.

Es más: Además.

Eso es un guiso: Eso es muy fácil.

Espero que no se me pegue: Espero que no se me contagie.

Está cañón: Está difícil o complicado.

Está como para chuparse los dedos: Está sabrosísimo.

Estar dándote tanta lata: Estar molestándote tanto.

F: Muy baja calificación escolar que oscila entre un cero y un 59%.

Flamboyán: Árbol de flores anaranjadas.

Fregar: Lavar platos y cubiertos de mesa.

Guaraguao: Halcón de color café y cola colorada.

Habichuelas: Frijoles. Porotos.

Hablaba hasta por los codos: Hablaba demasiado.

Hablando del rey de Roma: Expresión que expresa la aparición inesperada de alguien mientras se le mencionaba.

Hen: Palabra del idioma inglés cuyo significado es gallina.

Jartera: Consumo exagerado de comida.

Jincho: Pálido. Sin color. Blanco.

Jorobando: Molestando.

Jorobara: Molestara.

Jorobas: Molestas.

Juego de pelota: Juego de béisbol, (baseball).

Juey: Cangrejo.

La borinqueña: Una de las versiones del Himno Nacional de Puerto Rico adoptado por el Partido Independentista Puertorriqueño como el himno patriótico de su partido.

La Isla Nena: Isla de Vieques. Llamada la Isla Nena por los puertorriqueños.

Lamento borincano: Canción popular escrita por el puertorriqueño Rafael Hernández Marín en el año 1929.

Las materias que va colgando: Las clases que va fracasando debido a la bajas calificaciones.

La permanencia: Posición permanente de trabajo.

La pregunta de los 64,000 chavitos: Pregunta interesante, importante o difícil.

La verdad es que tu hermana se la comió: La verdad es que tu hermana lo hizo muy bien.

Lázaro: Personaje bíblico.

Loquitos: Muy felices. Muy contentos.

Lonche: Malformación de la palabra del inglés lunch cuyo significado es almuerzo.

Los muñequitos de la tele: Los programas de caricaturas infantiles de la televisión.

Lucido: Que le gusta ser el centro de atracción.

Mai: Mamá.

Mal rayo parta: *Expresión de contrariedad.*

Mamey: Algo fácil. Fruta tropical de sabor dulce.

Mami: Mamá.

Más que si la hubiera parido y con dolor: Amar excesivamente a alguien.

Mejunje: Mezcla desmedida y desordenada.

Me está que por eso: Creo que por eso.

Mi'ja: Contracción fonética de las palabras, mi hija.

Mi'jito: Contracción fonética de las palabras mi hijito.

Mi'jo: Contracción fonética de las palabras mi hijo.

Mi madre: Expresión de asombro. ¡Increíble!

Misis: Palabra del idioma inglés cuyo significado en español es señora.

Miss: Palabra del idioma inglés cuyo significado en español es señorita.

Mister: Palabra del idioma inglés cuyo significado en español es señor.

Mochila: Bulto para guardar materiales de escuela como libros, cuadernos, lápices, etc.

Monga: Gripe o gripa.

Múcaro: Búho.

Muerto del hambre: Con muchísima hambre.

Nena: Niña pequeña.

Nene: Niño pequeño.

Ni jota: Nada.

No hay quien le pare la lengua: No hay quien pueda hacerle callar.

No pegaba ni una contigo: No acertaba ni una contigo.

Noqueado: Desmayado a causa de un golpe.

Ojalá: Expresión que indica tener una esperanza de que algo se realice o suceda.

Pa': Para.

Pa'ca: Para acá.

Pai: Papá.

Pa'llá: Para allá.

Pamper usado: Pañal usado.

Pana: Amigo.

Panita: Amiguito.

Papi: Papá.

¿Pa'que?: ¿Para qué?

Pasteles: Plato típico puertorriqueño hecho a base de masa de una variedad de hortalizas y carne de cerdo envuelto en hojas de plátano.

Pata: Pie.

Patatus: Infarto.

Pa'tras: Para atrás.

Pela: Paliza. Golpiza.

Pegado: Residuos de comida que se pegan en ollas y sartenes.

Pesado: Difícil.

Piña colada: Bebida original de Puerto Rico a base de jugo de piña, ron y crema de coco.

Piña colada virgen: Bebida original de Puerto Rico a base de jugo de piña y crema de coco.

Piononos: Plato típico puertorriqueño a base de plátano maduro, carne molida y mezcla de maicena con leche.

Pipón: Estómago grande o inflado.

Pitirre: Pequeño y valiente pájaro. Símbolo puertorriqueño.

Pitorro: Especie de agua ardiente destilado en los hogares de forma clandestina.

Por el libro: Demasiado bueno. Buenísimo.

Por la maceta: Demasiado bueno. Buenísimo.

Presentado: Presentarse sin que lo llamen o inviten.

Principal: Director o directora de una escuela.

Puerco: Carente de ética o moral.

Pugilateada: Ofuscada. Confusa. Nerviosa.

Pugilatean: Confunden. Ofuscan.

¡Qué chulería!: ¡Qué bonito! ¡Qué bueno! ¡Fantástico!

Quehacer: Faena. Tarea. Trabajo.

Recontrayado: Fastidioso.

Rellenos de papa: Masa de papa frita rellena con carne molida.

Revoltillo con tocineta, tostadas y un jugo de china: Huevos revueltos con tocino, pan tostado y un jugo de naranja.

¡Sea mi vida gris!: ¡Qué triste vida! ¡Qué contrariedad!

Shhh: Silencio.

Soso: Insípido. Sin sabor.

Tacos de jueyes: Salmorejo de cangrejo envuelto en masa de harina frita.

Tapón: Embotellamiento. Tráfico pesado.

Tapones: Embotellamientos.

Tele: Televisión.

Tembleque: Postre puertorriqueño.

Tener un tornillo o una tuerca suelta: Estar loco.

Todas las clases son un guiso: Todas las clases son muy fáciles.

Trastera: Demasiados trastes sucios.

Tremendo: Buenísimo.

Tú tienes pantalones: Tú tienes desfachatez.

Un caso perdido: Un caso sin solución. Sin remedio.

Un par de puños: Un par de golpes usando los puños.

Va colgando: Va fracasando.

¡Vaya!: ¡Bien!, ¡Ándale!

Voy a estirar las patas: Me voy a morir.

Voz quebrada: Voz afectada por la emoción.

Window: Palabra del idioma inglés cuyo significado es ventana.

Y dale con la escuela: Y como insisten con la escuela.

Ya mismo: Pronto. Enseguida.

Ya mismo te sirvo: Te serviré pronto.

Ya tienes otra cara: Te ves diferente.

Yo te hacía en la escuela: Yo creí que estabas en la escuela.

Libros escritos por el autor

Poesía:

01. Simplemente tú y yo
02. Secretos
03. Añoranza
04. Ensueño (Antología poética)

Cuento:

01. Las increíbles aventuras del cochinito Oink Oink
02. Las increíbles aventuras del sapito Kroak Kroak
03. Las increíbles aventuras de la vaquita Muú Muú
04. Las increíbles aventuras de la ranita Ribet Ribet
05. Las increíbles aventuras de la gatita Miau Miau
06. Las increíbles aventuras del perrito Guau Guau
07. Las increíbles aventuras del becerrito Meé Meé
08. Las increíbles aventuras del borreguito Eeé Eeé
09. Las increíbles aventuras de la gallinita Kló Kló
10. Las increíbles aventuras del patito Kuak Kuak
11. Las increíbles aventuras de la chivita Beé Beé
12. Las increíbles aventuras del gallito Kikirikí
13. Las increíbles aventuras del pollito Pío Pío
14. Las increíbles aventuras del Coquí
15. Las increíbles aventuras de Pancho

Drama:

Pitirre no quiere hablar inglés

Books written by the author

Poetry *(Spanish)*

01. Simplemente tú y yo
02. Secretos
03. Añoranza
04. Ensueño (Antología poética)

Short story *(Bilingual Spanish/English)*

01. *The Incredible Adventures of Pew Pew, the Little Chicken*
02. *The Incredible Adventures of Kluck Kluck, the Little Hen*
03. *The Incredible Adventures of Kuack Kuack, the Little Duck*
04. *The Incredible Adventures of Oink Oink, the Little Pig*
05. *The Incredible Adventures of Bow Wow, the Little Dog*
06. *The Incredible Adventures of Baa Baa, the Little Goat*
07. *The incredible Adventures of Meow Meow, the Little Cat*
08. *The Incredible Adventures of Baaa Baaa, the Little Lamb*
09. *The Incredible Adventures of Moo Moo, the Little Cow*
10. *The Incredible Adventures of Maa Maa, the Little Calf*
11. *The Incredible Adventures of Ribbit Ribbit, the Little Frog*
12. *The Incredible Adventures of Kroak Kroak, the Little Toad*
13. *The Incredible Adventures of Coquí*
14. *The Incredible Adventures of Pancho*
15. *The Incredible Adventures of Cock-A-Doodle-Doo, the Little Rooster*

Drama

Pitirre Does not Want to Speak English